新しい
教職概論・教育原理

広岡義之 編著

関西学院大学出版会

新しい教職概論・教育原理

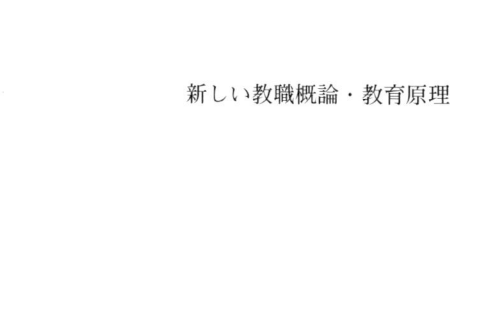

はしがき

　1945年8月6日、広島に世界で初めて原爆を投下したB29爆撃機「エノラ・ゲイ」の機長だったポール・ティベッツ氏が、2007年11月1日朝、アメリカ合衆国オハイオ州コロンバスの自宅で老衰のために死去したというニュースが、2日朝日新聞の朝刊に載っていた。機長だったティベッツ氏は、原爆投下に批判的な人々の抗議活動を恐れて、葬儀や墓石を希望せず、遺灰を海にまいてほしいと遺言したという。筆者はこの新聞記事を読んで、太平洋戦争という一つの歴史的事実がこれでまた一つのおおきな区切りを迎えたという強い印象を受けた。と同時に、太平洋戦争というきわめて深刻な歴史的事実が内包する諸問題を、私たち教育に携わる者たちは、これからの日本の将来を担ってゆく子どもたちにしっかりと語り継いでゆかねばならないという決意をさらに強くさせられた。

　私たちはこれから教職概論・教育原理を学ぼうとしている。その一つの目的は、こうした過去の歴史の問題点を回顧しつつ、その時々に教育という営みがいかに大きな精神的影響力を子どもたちに与えているかということの再認識の作業の場にしなければならないということである。そして現在の平和は無条件に与えられたものでなく、これからも努力して維持し続けなければならないことを教師全員が認識する場を提供する科目であるべきだろう。これこそが教職概論・教育原理の重要な使命の一つである。

　もう一つの教職概論・教育原理の目的は、この講義を通じて、真実の生き方や誠実な人間観や世界観をもつことを、すべての教師に求められているということの再認識の場にしなければならないということである。「教育は人なりとはどういうことか？」これは、しばしば教員採用試験の面接や小論文等で課せられるテーマでもある。では、なぜしばしば「教育は人なり」の意味が、繰り返して問われるかといえば、それはつまりこのテーマの核心に受験者が迫れば迫るほど、その受験者がどれほど教育に真剣に取り組んでいるかがわかるテーマを内包しているからである。この問いの

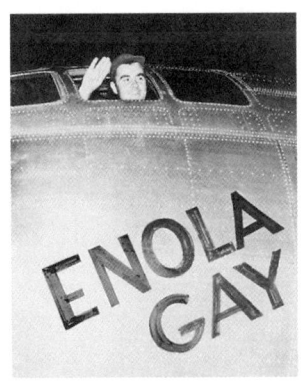

B29爆撃機「エノラ・ゲイ」の機長だったポール・ティベッツ氏

広島に投下された原子爆弾リトル・ボーイ

核心に応えることができるためには、常日頃から、真実の生き方・誠実な人間観や世界観を実践していなければならないだろう。換言すれば、この問いに対して、しっかりと本質的に応答できる教師のみが、真正面から児童生徒を受けとめることができ、一人の人間として関わってゆくことができると判断されるのである。

　昨今の錯綜する教育問題のほとんどは、こうした堅固な人間観・世界観をもっていなければ、けっして解決できず、そしてそれらの困難を乗り越えてゆくことはできないだろう。要は、どれほどの技術や専門知識があろうとも、子どもに対してどれだけ真剣に向かい合うことができるかが、教師の力量として一番求められている能力なのである。子どもたちに対してどれだけ人間的魅力をぶつけることができるか、ということは、換言すれば、人生や自分自身にどれだけ真剣に毎日向かい合って生活しているかが問われているのである。毎日をどれだけ誠実に、しかも謙虚に生きているかを意識している教師像というものを、今の学校現場は切に求めているともいえよう。

　このたびの本書公刊にかんして、私たち執筆者全員の先輩でもある関西学院大学教授で、現在、日本道徳教育学会会長という重責を担われている横山利弘先生には、大所高所から貴重な助言を賜ることができた。この場を借りて厚くお礼申しあげます。また、今日の困難な出版事情のもとにあっ

て、快く出版を引き受けていただいた関西学院大学出版会の田中直哉氏には、企画段階からきめ細かいご配慮をいただき深甚(しんじん)なる謝意を表する次第です。

　本書では、4名の執筆者とも、教職概論・教育原理の理論と実践の関係の一貫性をとくに重視する立場から考察をすすめ論及している。本書の内容は、教職課程の科目としては、「教師論の研究」「教職概論」あるいは「教職の理解（研修・服務及び身分保障を含む）」「教育原理」等のテキストとして使用可能であるように、構成されている。なお、近年、政府が打ち出した最新の学校教育の整備・充実を目指す諸政策についても可能なかぎり言及し、これらの焦眉の課題についても考える手がかりを提供した。

　また、テキストという性格上、内外の多くの研究者の成果を援用させていただいたが、引用注は省かざるをえなかった。その代わりに、各章末に参考・引用文献というかたちで諸文献を紹介させていただいた。これらの方々にお許しを請うと共に厚くお礼申しあげたい。

　現代社会における教育状況をしっかりと把握し、そこから今後の教育研究の重要性を自覚するなかで、著者たちはさらなる研究に取り組むつもりである。顧みてなお意に満たない箇所があることにも多々気づくのであるが、これを機会に十分な反省を踏まえつつ、大方のご批判、ご叱正、ご教示を賜り、さらに、この方面でのいっそうの研究に努める所存である。

　2008年4月1日

編著者　　広岡　義之

目　次

はしがき 3

第1部　学校と教師

第1章　教職の歴史 13
第1節　古代から近世までの学校と教師の起源とその展開　13
第2節　明治・大正期における学校と教師　16
第3節　第二次世界大戦前における学校と教師　20
第4節　第二次世界大戦後における学校と教師　27
第5節　現代における学校と教師　29

第2章　教職の意義と教員の役割 31
第1節　教職の意義　31
第2節　教職の意味　36
第3節　教員の適性と社会的使命　41

第3章　進路指導の意義と課題 53
第1節　キャリア教育における「労働」の人間学的意味　53
第2節　学校教師の役割としての進路指導　56
第3節　進路指導の理念と意味　60

第4章　人間教師論──星野富弘さんの生き方から学ぶ 65
第1節　人間教師・星野富弘さんの「教師論」での位置づけ　65
第2節　星野富弘さんの苦闘の人生　66
第3節　人間教師・星野富弘さんから学ぶべきこと　76

第2部　教員の養成・採用・研修

第1章　教員養成と免許制度 81
第1節　教員養成の現況　81
第2節　教育実習と介護等の体験　90
第3節　教育職員免許状の取得条件と免許制度改革　95

第2章　教員の採用と研修　..........105
  第1節　教員の採用　105
  第2節　教員の研修　116

第3章　教員の任免と服務　..........127
  第1節　教員の身分と任用　127
  第2節　教員の服務　130

第3部　教師の仕事と役割

第1章　教師の仕事と役割　..........143
  第1節　教員の種類と階層　144
  第2節　カリキュラムと教師の役割　145
  第3節　学習指導　149
  第4節　生徒指導と特別活動　154
  第5節　教育相談　158
  第6節　学校運営　161

第2章　初等・中等教育と教員　..........167
  第1節　幼稚園の教員　167
  第2節　小学校の教員　174
  第3節　中学校の教員　178
  第4節　高等学校の教員　182

第3章　管理職・主任の役割　..........187
  第1節　校長の役割と権限　187
  第2節　教頭の役割　191
  第3節　管理職に求められる資質・能力　192
  第4節　主任等の種類と機能　196
  第5節　（上司の）職務命令の要件　197

第4章　教師の職場環境　..........201
  第1節　教師の勤務実態　201
  第2節　教師の悩みと不安　209

第4部　教育原理編

第1章　人間形成と教育 217
　　第1節　人間の生涯と教育　217
　　第2節　文化と教育　223
　　第3節　人権と教育　226
　　第4節　ケアと教育　230

第2章　幼児教育の原理と目的 235
　　第1節　法律からみた保育原理　235
　　第2節　乳幼児教育の原理　237
　　第3節　保育者養成の原理　241
　　第4節　保育の目的　243
　　第5節　保育教育の課題と展望　247

第1部

学校と教師

第1章

教職の歴史

第1節　古代から近世までの学校と教師の起源とその展開

1　古代・中世

　日本最古の官立学校の記録は、現存最古の詩集『懐風藻』(670-760)の序文のなかにあり、それによると、「学職頭」(学校の長官)に百済人の鬼室集斯が任じられ、671年前後に「庠序」(学校)が建てられた。また古代貴族の学校として特筆すべきものは、大宝律令によって成立した大学と国学であり、中央に大学が、地方に国学が定められ、貴族子弟の教育の振興が図られた。
　明経道の清原氏、明法道の中原氏、文章道の菅原氏や大江氏に見られるように、古代から中世にかけて、「家学」という形で、世襲制を通じて日本の学問は伝承された。彼らは、世襲制という形態で教師を独占したので、父から子への学問継承はそのまま教師の地位を譲り受けることであり、ここに教職を「天職」と考える根拠がある。こうした古代から中世にかけての習慣は、やがて中世芸能文化の世襲制として継承されてゆく。

2　近世

　徳川幕府の直轄学校では、儒学(朱子学)を中心とした教育の最高学府である江戸の「昌平坂学問所」(湯島聖堂)(図表1-1)を挙げる必要がある。そしてこれをモデルとして、全国諸藩の藩学校が、藩士やその子弟を教育

するために設立された。幕末期になると藩学校は、約300校に増え、その多くが明治維新後に創設された「中学校」の前身となる。

他方で、庶民対象の自然発生形態の学校が「寺子屋」と呼ばれた。商工業が複雑になるにつれて、手紙や売買の記帳、算盤(そろばん)が必要となり、こうした能力養成に対応したのが寺子屋であった。寺子屋は一般庶民の生活要請から生じたもので、教師には、僧侶・武士・神官、学問を深く身につけた庶民（女性も含めて）等もいた。

近世の特徴の一つとして、レベルの高い私塾が発展したことである。代表的な私塾としては、中江藤樹の「藤樹書院」、伊藤仁斎の「古義堂」、石田梅岩（**図表 1-2b**）の「心学講舎(しんがくこうしゃ)」（**図表 1-2a**）、吉田松陰（**図表 1-3**）の「松下村塾(しょうかそんじゅく)」などが挙げられよう。また洋学中心の私塾としては、シーボルト（**図表 1-4**）の「鳴滝塾」（**図表 1-5**）、緒方洪庵の「適塾」、福沢諭吉（**図表 1-6**）の「慶応義塾」などの存在意義は大きい。慶応義塾の創設者である福沢諭吉の「天は人の上に人を造らず（後略）」で知られる『学問のすゝめ』（1872）はベストセラーになるほどであった。これらの私塾に共通した教育とは、教師の教えが徹底しており、師弟の信頼関係が深かったという点である。

図表 1-1　昌平坂(しょうへいざか)学問所（湯島聖堂）

第 1 章　教職の歴史　　15

図表 1-2a　石田梅岩の「心学講舎」

図表 1-2b　石田梅岩

図表 1-3　吉田松陰

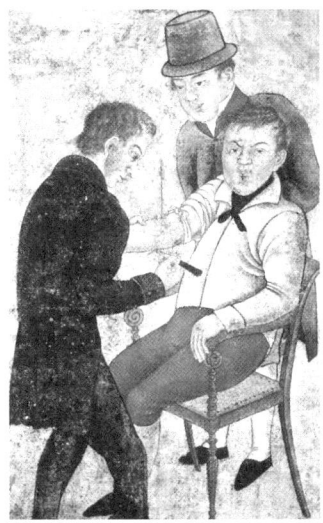

図表 1-4　ドイツの医学者・博物学者シーボルト

図表 1-5　長崎にあったシーボルトの「鳴滝塾」

図表 1-6　福沢諭吉

第2節　明治・大正期における学校と教師

1　明治期の学校と教師

　わが国の教員養成が本格的に開始されるのは、1872（明治5）年の「学制」の制定以降である。学制は、小学校教員の資格について、男女ともに年齢20歳以上で、師範学校卒業免許状または中学免許状を取得した者でなければその職につけないと謳った。また中学校教員については、年齢25歳以上で大学免許状を取得した者と定めた。師範学校とは、小学校・国民学校の教員を養成した旧制の学校のことであり、第二次世界大戦後の学制改革で、学芸大学や国立大学の教育学校部に改編された。

　1872（明治5）年5月に東京に官立師範学校（明治6年、東京師範学校に改称）が設立された。明治政府は1874（明治7）年に女子師範学校を設立、翌年1875（明治8）年には東京師範学校中学師範科を設立した。東京師範学校は1886（明治19）年に「高等師範学校」と改称され、中等学校の教員を養成する学校となる。

　政府は1877（明治10）年には教員養成の仕事を各府県に委任する方針に変更し、官立は東京の師範学校のみとした。1880（明治13）年の「改正教育令」は、師範学校を各府県が必置すべきものと定めた。

　地方の師範学校は、1880（明治13）年の「教育令」改正によって、各府県に最低一校の設置義務があったために、1882（明治15）年には男子校65校、女子校11校が存在した。明治20年頃までは師範学校の卒業生は希少価値をもっていたので、新しい教育を求めていた親たちは地元の小学校に師範出身の若い教師を強く要請した。たとえばようやく一人の師範出の教師を迎えることのできた村では、村長以下の幹部が羽織袴で盛大に出迎えたというエピソードはこうした当時の事情を彷彿とさせる。

2　明治期の教員養成

　明治政府は、1871（明治4）年に文部省を創設し、「学制」についての準備を開始し、欧米型の近代的な教科カリキュラムによる一斉教授法への発展が見られるようになった。その中心に位置付けられるのは「師範学校」であった。1872（明治5）年の「学制」は政府の準備不足もあり、翌6年の就学率は28％という低調さにとどまった。そこで1879（明治12）年の「教育令」（自由教育令）以降、「国民皆学」を目指し、その結果、明治後半までにはほぼ「国民皆学」の目的が達成された。ここで小学校の教師は、新文化、新思想への啓蒙、新聞や政府筋からの通達の解説など、近代日本の文明開化を国民の末端まで浸透させるため大きな役割を担うことになる。明治の初期は欧米中心の文明開化時代であり、自由民権が拡大したが、自由な文明開化の傾向は長続きせず、すぐに保守反動の思想が台頭し翌1880（明治13）年には「教育令」（改正教育令）を改正し、強制主義の教育へと転換される。この頃を境として教師の社会的立場や教員養成のあり方も、強い国家統制下で実施されるようになる。とくに天皇を中心とする「皇国主義」を学校教育で徹底させることになるのは、1890（明治23）年の「教育勅語」（**図表1-7**）発布以降のことである。

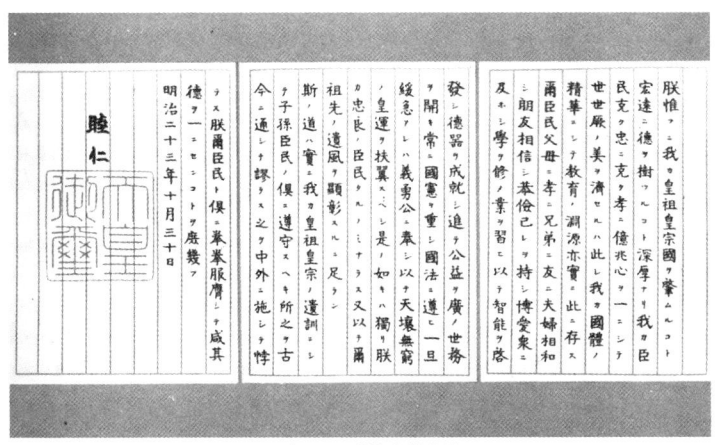

図表1-7「教育勅語」

図表1-8　教育勅語を奉読する校長

　教育勅語の発布後、全国の学校に勅語の謄本と天皇・皇后の御真影が配布され、祝祭日や記念式典などでは御真影への最敬礼や勅語の奉読（**図表1-8**）が義務づけられた。こうして教育勅語は、天皇を神聖化し、儒教倫理に基づく国民道徳・国民教育の中心的な役割を果したのである。

3　明治期の師範学校教育

　初代文部大臣森有礼（**図表1-9**）（1847-1889）の登場は、自由闊達な師範学校を一変させた。森は外交官として欧米列強の実態を見聞し、我が国の存立に危機意識をもっていた。森文相は師範教育制度の改正に立ち上がり、1886（明治19）年4月、「師範学校令」を勅令として公布し、教育目的を国家主義に焦点づけた。「師範学校令」の内容に反映されているように、師範教育の三気質である「順良・信愛・威重」の涵養は、森文相の師範教育の基本姿勢となった。「順良」とは、目上には素直に従うこと、「信愛」とは、教師同士が仲良く信頼しあうこと、「威重」とは威厳をもって生徒に接することを意味した。森有礼は、知識学科よりも人物養成に力を入れ、兵式体操を導入する等、生徒に軍隊精神を教え込む教育を重視した。こうして師範教育はしだいに国家統制の傾向を強めていく。

図表 1-9　初代文部大臣森有礼
もりありのり

図表 1-10　鈴木三重吉の雑誌『赤い鳥』

4　大正期の自由な教師像

　大正期の教育は、大正デモクラシーの民主的で自由な風潮を受けて、ルソーの自然主義教育をはじめ、ペスタロッチなどの近代教育も普及した。さらに労作教育の思想やモンテッソーリ法等はこの時期の教育に大きな影響を与えた。大正10年頃には「八大教育主張」といわれる新教育運動も展開した。「八大教育主張」とは、1921（大正10）年、大正デモクラシーの風潮を背景に民間の一出版社が大正新教育運動を代表する8名を招待して東京で開催された講演会での主張のことである。いずれも明治期の形式的注入主義を排し、子どもの自主活動と創造的な学習を強調している。

　また鈴木三重吉の雑誌『赤い鳥』（**図表 1-10**）による児童文学運動は、ひとつの新しいつづり方運動で、従来の文型主義の学校作文をおおきく改めて、自由作文・自由詩・童謡等を取り入れた。このように大正期は、教育の中央集権化が進んだにもかかわらず、自主的で個性尊重の新しい教育が各地で実践された。

第3節　第二次世界大戦前における学校と教師

1　昭和前期の教師像

　大正後期には「陸軍現役将校学校配属令」等が出され、教育はしだいに国家主義的・軍国主義的な色彩が強くなる。1931（昭和6）年に満州事変が勃発し、日本は戦時体制に突入する。このことは1943（昭和18）年に一部改正された「師範教育令」第1条に「師範学校ハ皇国ノ道ニ則リテ国民学校教員タルヘキ者ノ錬成ヲ為スヲ以テ目的トス」と述べられていることからも明らかである。こうした軍国主義ファシズムのなかで、左傾教員の検挙弾圧が開始され、また一般社会でも言論や出版の自由は極度に制約されるようになる。他方で、天皇中心の国民精神を高揚する運動が強化され始める。

2　国民学校令と師範教育

　1941（昭和16）年には「国民学校令」が公布され、従来までの「小学校」という名称は消滅し「国民学校」と呼ばれるようになる。その目的は「皇国ノ道ニ則リテ初等普通教育ヲ施シ国民ノ基礎的錬成ヲ為スヲ以テ目的トス」と明記されていたことからも明らかなように、国民学校では、錬成や団体訓練に重きが置かれた。皇国民錬成の教育精神のもと、1943（昭和18）年には「師範学校令」が改正され、ここで教師像は「私」を捨てて天皇制国家に滅私奉公する「臣民」をつくり出すことが求められた。

　こうした教育の結果、日本の若者はどのような人生を体験することとなったか。具体例を最近掲載されたドキュメンタリーテレビ番組の新聞記事で紹介してみたい。太平洋戦争末期の悪化する戦局のなかで、陸軍の特攻作戦が開始されることとなる。1944（昭和19）年の秋、海軍が特攻作戦を始めると、陸軍も短期間で飛行操縦士に養成した20歳にもならない学徒兵らを、命令ではなく志願によって集めて特攻隊を編成した（**図表1**

図表1-11　別れの挨拶をする特攻隊の若者たち

図表1-12　突入しようとする神風機

-11)。かれらは、爆弾を多く積むために、無線機も機関銃もはずされた旧式の97式戦闘機に乗って、片道の飛行分だけの燃料で次々とアメリカの艦船をめがけて命をかけて出撃していった（**図表1-12**）。故障等で不時着して生き残った特攻隊員たちは秘密施設に隔離され、国賊のそしりを受けたという（2007年10月21日、朝日新聞朝刊、試写室「NHKスペシャル　学徒兵　許されざる帰還」参照）。

3　太平洋戦争のもとでの教師像——ひめゆり部隊の事例を通して

　1941（昭和16）年、太平洋戦争が勃発し、日本は「聖戦」貫徹の大義名分のもとに、教育は完全に軍の統制下に置かれることとなり、師範学校の卒業生の多くは兵役に服し、軍人精神をたたき込まれた。1945（昭和20）年3月には「決戦教育措置要項」の閣議決定によって、国民学校初等科を除いて、学校の授業は、昭和20年4月1日から21年3月31日まで停止した。敗戦後、真実を教えるべき教師が、戦時中誤ったことを教えたことへの自責の念から、みずから教壇を去って行った者も少なくなかった。「背広の軍人」として「忠君愛国」を唱え、皇国（こうこく）思想を吹聴してきた教師にとって、敗戦は180度の思想転向を迫るものであった。

　以下の内容は2007年の夏、筆者が沖縄南部の地を見学した際に考えさ

せられた事柄である。太平洋戦争中の沖縄の社会状況と教育がきわめて密接に関わるなかで悲惨な出来事が生じたことを改めて認識させられた。とくに沖縄戦の象徴ともいうべき「ひめゆり部隊」を紹介する「ひめゆり平和祈念資料館」を訪問したときにさまざまな資料を眼のあたりにして、われわれ教育者が語りついでゆかねばならない歴史的事実が多くあることを痛感した。資料としては、『ひめゆり平和祈念資料館　ガイドブック』(2004)を使用し、とくに沖縄における女子師範教育と太平洋戦争の深い関わりのある箇所を筆者の眼でまとめ直してみたい。以下では、戦争の悲惨さと今後どのようなことがあれ、再び戦争を起こす愚行を繰り返してはならないことを再確認するための端緒を「ひめゆり部隊」を通して紹介する。

　沖縄で女子の中等教育が開始されたのは1896（明治29）年で、教員養成学校（沖縄師範学校女子部の前身）と、普通教育の女学校（沖縄県立第一高等女学校の前身）が相次いで設立され、両校は「姫百合」（「ひめゆり」の表記は戦後に統一）の愛称で親しまれた。当時は、日清戦争（1894［明治27］-1895）に続いて、日露戦争（1904［明治37］-1905）が開始された厳しい国家主義の時代であった。沖縄はとくに軍事的要衝として位置づけられていた。また国防上の理由からも、生徒たちは日本人としての意識を持つことを強く教育されたため、沖縄独特の言語や服装を改めるように強いられた。

　二つの学校は、併置校で、教師たちも兼任し、施設の多くを共用し、行事をともにした由緒ある学校であった。沖縄師範学校女子部は教師を目指す生徒たちの学力と資質の養成を、そして沖縄県立第一高等女学校は知性あふれる教養豊かな女性の育成を目標とした。両校ともに進学校で、とくに師範学校女子部は、合格者が各市町村から一人入学できるかどうかというほど狭き門であったという。沖縄県立第一高等女学校の校友会誌は「乙姫」、沖縄師範学校女子部の校友会誌は「白百合」と名づけられており、両校が併置されることによって校友会誌も一つとなり両方の名前の一部を合わせて「姫百合」となり、戦後「ひめゆり」の表記として定着した。

　図表1-13は両校の教員と生徒たちが「宮城遥拝」をしている情景である。「ひめゆり平和祈念資料館」に入館すると、まずこの大きく引き伸

図表1-13 「宮城遥拝(きゅうじょうようはい)」

ばされた写真が眼に入る。これは、朝礼のときに、沖縄からすれば北東の方角に位置する宮城（東京の皇居）に向って最敬礼をして、天皇に対する忠誠の念を養う儀式の一つであり、1940（昭和15）年に撮影されたものである。1943（昭和18）年、師範学校は全寮制となり、生徒たちは厳しい統制下におかれるようになる。翌年には、沖縄に日本軍が駐屯するようになり、陣地構築作業や軍事訓練が本格的となり、戦争一色の生活となってゆく。

終戦の1年前の1945（昭和20）年に、米軍の沖縄上陸作戦が始まった。同年3月23日、両校の生徒222名（15歳から19歳）は、教師18名に引率されて、那覇市の沖縄陸軍病院に向うこととなった。「戦場」への動員がついに現実のものとなる。戦闘機による激しい空爆と、戦艦による艦砲射撃で、町は焼け野原となった。

逼迫(ひっぱく)した戦況にあった6月18日の夜、陸軍病院ではついに「解散命令」が出され、学徒隊は解散し、生徒たちは自らの判断で行動しなければならなくなった。動揺する生徒たちに、引率教師は、安全な場所を探して一人でも多く生き延びるように伝達した。壕に残る生徒たちもいたし、あるい

図表1-14　米軍に追い込まれた末に断崖から飛び降りて多くの者たちが命を失っていった（筆者撮影）

は壕の外に出てゆく生徒たちもいた。しかしどちらの道を選択するにせよ、彼らには厳しい運命が待ち構えていた。負傷した学友を助けて歩く者、砲弾に吹き飛ばされてしまった者、壕のなかで米軍のガス弾攻撃を受けて死んでゆく者、手榴弾を胸に当てて爆発させて自決する者、追い込まれた末に断崖（図表1-14）から飛び降りて大波にのまれて死んでゆく者、父母の名を呼びながら死んでゆく生徒等が続出した。こうして多くの生徒たちが米軍の攻撃にさらされて命を奪われていった。

　6月下旬、日本軍司令官の自決以後、組織的な戦闘は終わったものの、米軍は掃討戦を継続したため、多数の沖縄住民と兵士が亡くなっていった。「ひめゆり」では、3月の動員から解散命令を受けるまでの90日間の犠牲者が19名だったのに対して、解散命令後のわずか数日で、100余名が犠牲になってしまった。

　1945年6月末に終了した約90日間の沖縄戦は、一般住民を巻き込んだ、日本では未曾有の地上戦となった。軍民混在した戦場では、食糧の強奪、壕からの追い出し、スパイ容疑による斬殺等の、惨劇が数多く発生した。結局、沖縄県民の4人に1人が死亡したことになる。焼け野原になった大地には数十万の死体が転がっていたという。ひめゆりの少女たちの白骨や近隣の生徒たちの屍を合祀して、翌年の1946年4月6日「ひめゆりの塔」

図表 1-16　元学徒たちを集めて臨時の教員養成学校（文教学校）が開設された

図表 1-15　現在の「ひめゆりの塔」（筆者撮影）

が建てられた。**図表 1-15** は建てなおされた現在の「ひめゆりの塔」で、このすぐ横に「ひめゆり平和祈念資料館」がある。

　1946年1月には、戦争で師範学校を卒業できなかった元学徒たちを集めて、臨時の教員養成学校（文教学校）が開設された（**図表 1-16**）。1961年、学徒隊の生存者のほとんどが教師となり、平和の大切さを教師として訴えかけ始めた。そして平和の尊さを訴える資料館を建設するという社会的目標に発展してゆくこととなる。1989（平成元）年に、「ひめゆり平和祈念資料館」が開館する運びとなり、1991（平成3）年には入館者が100万人を突破した。この数字は、現代社会では平和を守ることの意識が高くなってきた事実を如実に物語っている。

　沖縄戦での「集団自決」をめぐって、教科書検定で「日本軍の強制」という文言が削除された。しかしその後、「日本軍の強制」という文言削除という教科書検定のあり方を鋭く批判した2007（平成19）年9月29日の沖縄での県民大会等を契機に、文部科学省は文言削除の姿勢を軟化させ始めている。

　そうした経過を受けて、高校教諭で高校日本史執筆者の坂本昇によれば、日本軍による強制で集団自決が起こったという趣旨で、教科書会社が文部

科学省に訂正申請する予定であるという。さらに教科書には、沖縄の生存者の証言を追加して、集団自決は「強制集団死といわれることもある」という脚注も入れるという。早ければ2008年の教科書にその内容が盛り込まれる可能性が出てきた。

2007年10月24日の衆議院文部科学委員会で、福田康夫内閣の渡海紀三朗(とかいきさぶろう)文部科学大臣は「状況の変化というものがある。そのことも踏まえて、最終的に（審議会に）判断をいただくということが適当と考えている」と述べている。とはいえ、検定意見そのものの撤回となると、審議会の委員を含めた専門的、学術的な検討そのものが誤りだったことになり、制度の信頼問題にもなりかねず、文部科学省は難色を示していることも事実である（2007年10月28日朝日新聞朝刊）。渡海文部科学大臣は12月26日、集団自決をめぐり、2008年から使用される高校日本史の教科書検定で、「日本軍の強制」が削除された問題で、教科書会社6社から出されていた訂正申請を承認した。そこで「日本軍が強制した」という直接的な記述は避けつつ、「軍の関与」や「戦中の軍の教育」等によって沖縄の住民が自決に追い込まれたと記されており、集団自決が起きたのは、日本軍の行為が主たる原因であるという解釈におちついた（2007年12月27日朝日新聞朝刊）。

4　太平洋戦時体制下の教育

森秀夫（2005）によれば、大学や専門学校等の修業年限は1941（昭和16）年に3カ月短縮された。高等学校高等科、大学予科は1942（昭和17）年には6カ月短縮され、さらに1943（昭和18）年には1年も短縮されていった。戦時体制下の教育への影響が直接出始めたことがここで理解できる。

さらに戦時下における労働を確保するため、文部省は、1938（昭和13）年に、中等学校以上の学生・生徒に3日もしくは5日の勤労作業を実施するように通牒(つうちょう)した。1943（昭和18）年には勤労動員は在学期間中、一年の3分の1を充てるほど増加した。同年には、大学および高等・専門学校在学者は、理工系等を除外し、徴兵延期が認められなくなり、12月に一

斉に軍隊に徴集され、これは「学徒出陣」と呼ばれた。

　1944(昭和19)年には、本土空襲が激しくなり始め、政府は、国民学校初等科児童の疎開を進めた。疎開先は、旅館、寺院等であり、教職員が共同生活をして非常時の教育を行なった。

　しかし1945(昭和20)年になると、決戦教育措置要綱が決定された。国民学校初等科を除いて、学校の授業は、4月から1年間原則として停止することになった。同年、戦時教育令が公布され、学徒隊を組織して、食料増産、軍需生産、防空・防衛等に従事するようになった。こうして学校教育は、ほとんどこの時期になると麻痺状態に陥り、数カ月後の1945(昭和20)年8月15日に終戦を迎えることになる。

第4節　第二次世界大戦後における学校と教師

1　戦後の教師像

　明治以来、小学校教員の中核的養成機関は「師範学校」が、中等学校教員のそれは「高等師範学校」が担当していた。しかし、第二次世界大戦の反省を経て、戦後教育改革における初等・中等教育は、「師範教育」を排除することから出発し、「開放制」の教員養成が始まった。この「開放制」の動きは戦前の師範教育に対する厳しい批判、すなわち国家権力や国民道徳の宣伝道具になるような教師を養成してきたことへの批判であると同時に、敗戦による日本教育界の建て直しを意味した。

　第二次世界大戦の敗戦によって、日本は政治・経済・社会などほぼすべての領域において根本的な改革を迫られ、教育制度改革もその中心の一つであった。新しい憲法は、それまで臣民の「義務」とされていた教育を、すべての国民の「基本的人権」として保障することを憲法第26条で明確に規定することで、教育理念の大転換を打ち出した。1945(昭和20)年8月、終戦を迎えた日本は「戦時教育令」を廃止して、「新日本建設ノ教育方針」を発表し、新しい教育への歩みを始めた。非軍事化と民主化をめざした

連合国軍最高司令部（GHQ）（**図表1-17**）は、教育界から軍国主義者を追放し、修身・日本歴史・地理の授業を停止した。

また戦時下の軍国主義教育体制を抜本的に変革し、真の民主主義教育体制にするために、1946（昭和21）年、アメリカから「第一次教育使節団」が来日し、その調査結果は司令部に報告され、日本教育全般の民主的改革が推進されることになる。これと関連して、1946（昭和21）年、「教育刷新委員会」が内閣に設置され、戦後の日本教育の改革が開始された。1947（昭和22）年

図表1-17　連合国軍最高司令官マッカーサー元帥を訪問する昭和天皇

3月、「教育基本法」が制定され、日本教育の根本理念が明示され、それと同時に「学校教育法」も公布された。ここから男女共学や6・3制の新しい学校制度が始まることとなる。体罰は禁止され、教師中心から児童中心の教育方針が打ち出された。

戦後の諸政策のなかでも、教師たちが言論と行動の自由を獲得したことは画期的な変革であったと言えよう。たとえば、1947（昭和22）年に結成された「日本教職員組合」いわゆる「日教組」は、1951（昭和26）年に「教師の倫理綱領」10カ条を発表し、そのなかで聖職的教師観を捨てて、労働者としての教師観を宣言した。

2　戦後日本の教育改革と教員養成

義務教育年限も9年に延長され、いわゆる「6・3制学校体系」が誕生した。9年への延長によって、就学する児童生徒数は急増し、それに伴って教師の大量供給が必要とされ、養成される教員の質も戦前のものと大きく変わることになる。

(1) 大学における教員養成

戦前の師範学校での教員養成への深い反省から、戦後の教員養成では、第一に学問的レベルを高めると共に、第二に政治・経済などの諸要因から自由な環境で教員を養成することに努めた。ここでの重要な点は、「教員」は、広い一般的な教養に支えられた専門的教育をおこなう大学という高等教育レベルで養成されるべきであるということであった。これは、戦前の師範学校での狭い技術主義や実用主義への反省から必然的に生まれたものであり、この理念は「開放制」の教員養成制度へと結実していく。

(2) 開放制免許状制度

戦前の初等学校教員養成については師範学校が独占していたが、それらは戦後、「大学における教員養成」原則と「開放制免許状制度」の一体化という教育改革で一掃された。ここで「開放制免許状制度」とは、免許状を取得するために必要とされる要件を満たせば、大学や学部にかかわりなく、教員の免許状が取得できるという制度である。

第5節　現代における学校と教師

1　現代の教職の評価と専門性

(1) 変動する社会と教職の評価の低下

いつの時代にも大半の教師は誠実に教育を実践しているにもかかわらず、一部の心ない教師たちのために社会から批判を受けることになる。とくに1955（昭和30）年代前半には、「デモ・シカ先生」、30年代後半には学校以外のことに励む「三ト先生」（アルバイト・リベート・プレゼント）といった厳しい教師批判を込めた言葉が生まれた。

1965（昭和40）年代後半からは、自民党は「聖職」、社会党は「教育労働者」、公明党は「使命職」、共産党は「聖職性の強い労働者」、民社党は「勤労者の性格をもつ聖職」といった教師の定義づけが政党間で議論されるな

かで、教職に対する評価は全般的に低下していった。その理由として、昭和30年代から40年代にかけて日本経済の高度成長に伴う急激な社会変動に適応できなかった教師の姿が指摘されよう。

(2) 教職の専門性について

　敗戦後、日本教育の民主化そして教師の人間宣言は、戦前の教師像を厳しく反省することから始まった。それは「師表(しひょう)として聖職化された教師」から「人間教師」への変化であった。一方、日教組の「教師の倫理綱領」の採択によって「教師は労働者である」と主張されるようになり、さらに教師は「専門職」であるという教師論も展開されるようになってきた。1971（昭和46）年の中央教育審議会の「教員の養成確保とその地位の向上のための施策」では、経済的待遇の改善とそれに見合った教師の社会的地位の向上をめざす「専門職」としての教職の在り方が説かれている。

〈参考・引用文献〉

朝日新聞朝刊、(2007年10月21日)、試写室、「NHKスペシャル　学徒兵　許されざる帰還」。
伊藤一雄他編（2005）『教職への道標』サンライズ出版。
教師養成研究会編（1990）『近代教育史』学芸図書。
小島弘道他編（2003）『教師の条件』学文社。
鈴木亮・笠原十九司編（1995）『写真記録　日中戦争』ほるぷ出版。
清水一彦編（2006）『最新教育データブック』時事通信社。
武安宥編（1989）『かかわりの教育』福村出版。
―――――編（1995）『教育のロゴスとエロース』昭和堂。
津留宏（1978）『教員養成論——よい教師とは何か』有斐閣。
ひめゆり平和祈念資料館資料委員会監修・執筆（2004）『ひめゆり平和祈念資料館　ガイドブック』。
広岡義之（2002）「教職の歴史」大庭茂美他編著『学校教師の探求』学文社。
―――――他編著（2001）『改訂版　教育学基本マニュアル』創言社。
森秀夫（2005）『教育史』学芸図書。
吉田辰雄他編（1999）『教職入門——教師への道』図書文化。

第2章

教職の意義と教員の役割

第1節　教職の意義

1　教職という言葉

「教職」という言葉の意味は、「児童、生徒、学生を教育する職」(広辞苑)とある。さらに学校教育法の規程にしたがえば、児童とは小学生であり、生徒とは中学生及び高校生のことで、学生とは大学等のように上級の学校で学んでいる者の総称を指し示す。伊藤一雄 (2005) によれば、ここから、教職とは「小学生、中学生、高校生、大学生などを教育することを職業とする者」を意味することになり、小学校、中学校、高等学校、大学等の教員という職業を包摂するかにみえる。しかし、一般的には小学校、中学校、高等学校などの教員の職務を意味することが多く、大学などの教員の職務を表す場合には「研究職」や「教育職」という用語は使用されても「教職」という言葉はほとんど使用されていないのが実情である。

つまり「教職」の意味は、小学校、中学校、高等学校、中等教育学校、特別支援学校 (旧盲、聾、養護学校) あるいはそれに準ずる施設などに勤務する教員で、教育職員免許法による教育資格を必要とする職務であり、大学およびそれに準ずる施設などに勤務する教員の場合は含まない。このような「教職」という概念や言葉は、近代学校制度が開始されてから使用され始め、しかも戦後になって教員養成が特定の学校だけでなく「開放制」といわれる制度を導入し始めてから一般的に認知されるようになってきた。「開放制」は文部科学省 (発足時は文部省) で認可された教職課程

を設けている大学で指定された所定の単位を取得すれば、教員養成を目的とした大学以外でも教育職員免許状が取得できるという制度である。

2　教職観の変遷と現代に求められている教員の資質

(1) 教職の聖職論

　伊藤一雄（2005）によれば、1945（昭和20）年頃、つまり第二次世界大戦終結当時、同世代の若者のほとんどが尋常小学校（現在の小学校）、あるいは高等小学校（現在の中学校2年修了）を卒業すると、すぐに実社会で働きだしたという。そのような時代にあっては、一般的な「教員」のイメージは小学校教員であり、それより上級の学校は一般庶民には縁遠い存在にすぎなかった。当時は、国の指導者を養成する高等教育機関と、天皇制国家の下で忠実な臣民を養成する小学校とでは、教員の権威や経済的待遇には大きな格差があった。当時の教員に要請されていたのは、「聖なる職業」という立場であった。戦前の国家において現人神（あらひとがみ）である天皇に近い立場の人間ほど偉く、国家権力と密接に関わっている職業ほど、その社会的威信は強かった。

　興味深い例を伊藤一雄は以下のような一つの小さな村を例にとり論じている。ある村の権力者は村長、郵便局長、駐在、駅長、そして小学校の校長等であり、村の運営はこれらの行政機構の末端を担当する人々によって行使されていた。こうした社会では小学校教員も天皇制国家機構の末端の一翼を担う者として、国家に忠実な人物であることが要請された。そのために、教員の仕事は天皇に忠実な臣民の育成であり、賃金などの労働条件等に触れること自体が卑しいこととされた。小学校教員は身を粉にして子どもを臣民に育てあげることこそ、その社会的な使命とされた。換言すれば、天皇を頂点とする大日本帝国という国家目的のために子どもを育てることこそが教員のなすべき努めであり、こうした立場に立つ職業観が「教職の聖職論」と呼ばれた。

(2) 教職の労働者論

　1945（昭和20）年8月15日の敗戦を契機として、日本の社会全体の旧体制や価値観がすべて崩壊しその過程で、戦中まで現人神(あらひとがみ)であった昭和天皇が「人間宣言」をおこなった。新しい体制の象徴として、1946（昭和21）年11月3日には新しい日本国憲法が公布され、翌年の1947（昭和22）年5月3日に施行、さらにそれを受ける形で、教育基本法が、それまでの国家の教育規範であった教育勅語に代わるものとして制定された。それは教育勅語の内容を180度転換させる民主的な内容であった。「教育は人格の完成をめざし、平和的な国家及び社会の形成者として真理と正義を愛し、個人の価値をたっとび自主的精神に満ちた心身共に健康な国民の育成を期して行われなければならない」（旧教育基本法第1条：教育の目的）と明記された。

　戦前・戦中の劣悪な労働条件下でも「聖職」という位置づけのために、自らの意見を発言することすら許されなかった教員も、戦後、労働組合に相当する職員団体を結成し、団結権や団体交渉権を持てるようになった。この事実は戦争中、自己主張できなかった教員にとっては画期的な出来事となる。このように教員の職務も一般の労働者の職務と変わりはないとする立場を主張する教職観を「教職の労働者論」という。戦前の「教職の聖職論」から戦後の「教職の労働者論」というダイナミックな価値観の変容が生じたのである。しかし、教員の労働者としての側面を強調するあまり、成長・発達段階にある児童生徒の教育活動をおろそかにして組合活動にばかり専念している教員がいたのも事実であり、批判の対象になったこともある。教員はたしかに労働者としての側面もあるものの、児童生徒という次の世代を担う人間を育てる教育者という大切な職務がある。その意味では、明らかに一般の労働者とは異なる職業上の専門性があるという見方も大切である。こうした「教職」観に立脚する考え方を「教職の専門職論」という。

(3) 教職の専門職論

　伊藤一雄（2005）によれば、「教職の専門職論」という解釈からすれば、教員は一般の労働者とかわらないものの、教員の職業的対象が成長・発達

段階にある未成年の児童生徒であるという点で、一般の労働者とは異なる特別な専門性を必要とする。その意味では、職務遂行に当たって「児童生徒の成長・発達にふさわしい知識・技術・指導方法」が要請される。さらに「児童生徒に対する深い愛情」や「教職に対する使命感」も必要とされる。私たちは、こうした「教職の専門職論」の立場に立って、以下で主として小・中・高校の教員の仕事の内容を解説し論じてゆきたい。

3 教職の意義と教員の仕事

　日本社会の中には約3万種類の職業があり、その中の一つに教員という職業がある。アンケート等で小学生が希望する職業ベスト10には必ず、電車やバスの運転手と同様に、学校の先生は必ず上位に入るほど、教員は広く支持された職業であるといえよう。大学で教職科目を受講して、教員になりたいという学生の多さと裏腹に、教員免許状取得後、難関の教員採用試験に合格し、晴れて新任教員に採用されたにもかかわらずすぐに退職したり、ノイローゼになって教職に自信をなくしてしまったりする教員も多く、今日では社会問題になっているほどである。それらの人々には、教員という職業の理想と現実の間にかなりのずれがあったものと推測される。以下でその点に触れてゆきたい。

(1) 教員の職務は多忙である

　伊藤一雄（2005）によれば、教員は、休みが十分にとれ、身分保障にも手厚い職業と、世間では漠然と考えられることが多いという。教育公務員特例法により、職務専念義務免除という制度を利用すれば、教員は勤務時間内に職場を離れて研修することができる。しかし、その勤務実態をみると平均的な中学校教員の場合、月曜日から金曜日まで朝8時30分から午後3時頃まで勤務をしなければならない。放課後になっても職員会議、学年会議、生徒の個人相談、部活動等で多忙を極め、さらに帰宅しても次の日の授業準備があり、とくに体育大会や文化祭等の特別行事の前後は帰宅時間も夜の10時、11時となることも珍しくない。このように教師の職務

は激務であるという認識を持たなければならない。

(2)「教員」の仕事は学び続けることである

伊藤一雄（2005）は、授業を通じた教員の児童生徒への影響力はきわめて強いと考えている。ここに、教員は学ぶことの好きな人でなければならない根拠がある。多くの教員は5年、10年と教員生活が続くなかでマンネリに陥りがちになる。その結果、自ら「学ぶ」姿勢が希薄になる。恐ろしいことに、成長・発達段階にある子どもたちはそうした教員の誠実さに敏感であり、けっして生徒の目をごまかすことはできない。授業の質について、生徒たちの評価は意外に的を射ており、そして生徒たちに評判のよい教員は、日頃から意識的に研鑽を積んでいる努力家であることが多い。その意味でも教員は「学ぶことの好きな人」でなければならない。どの学校にも生徒の信頼の厚い教員は必ず数名はおり、そうした教員に共通しているのは、視点がつねに生徒に向いていることである。新任教員はとくに、早く模範となる先輩教員をみつけ、自らの教師力を向上させてほしい。

神戸市教育委員会が発行している 2007（平成 19）年度「特色ある神戸の教育推進アクティブプラン」（**図表 2-1a および 2-1b**）のアンケート調査によれば、学校教育に望む事柄の上位5位のなかでもトップは小学校・中学校ともに「教員の資質や指導力の向上」であることからも教師の学ぶ姿勢は必要不可欠の課題であるといえよう。

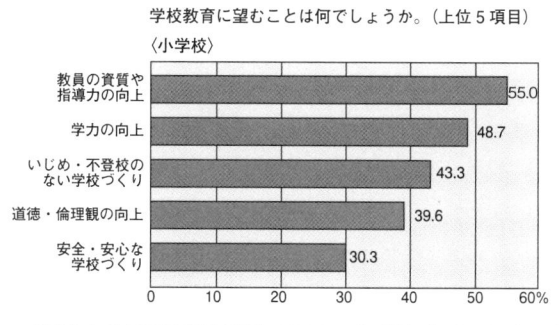

学校教育に望むことは何でしょうか。（上位5項目）
〈小学校〉

項目	%
教員の資質や指導力の向上	55.0
学力の向上	48.7
いじめ・不登校のない学校づくり	43.3
道徳・倫理観の向上	39.6
安全・安心な学校づくり	30.3

図表 2-1a　「特色ある神戸の教育推進アクティブプラン」のアンケート調査より

〈中学校〉

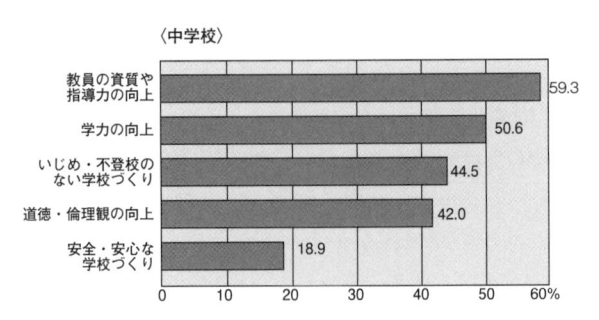

- 教員の資質や指導力の向上: 59.3
- 学力の向上: 50.6
- いじめ・不登校のない学校づくり: 44.5
- 道徳・倫理観の向上: 42.0
- 安全・安心な学校づくり: 18.9

図表2-1b 「特色ある神戸の教育推進アクティブプラン」のアンケート調査より

第2節 教職の意味

1 教職の意味

(1)「教師」「教員」「先生」の相違点

　私たちは「教職」をめざすために「教職概論（教職の理解）」という講義を学んでいるのであるが、この「教職」という言葉は、教育関係の「職」を意味する概念であることは周知の事実であるものの、その概念規定となると意外とむずかしい。結論から先に述べるならば以下のように言えよう。「教職」は、「教員」「教育職員」とほぼ同義であり、教育活動に直接従事する教諭や校長、教頭（副校長）、講師等の職名を包括する職業を指し示す概念である。たとえば佐藤晴雄（2005）によれば、教育関係の「職」には、学校の教師、教育委員会の職員、学校の事務職員や給食調理員、社会教育関係職員（社会教育主事等）、さらに塾講師などさまざまな職種が存在する。そしてこのうちとくに学校で教育活動に直接従事する「教師」という職業が、一般に社会的に「教職」と呼ばれる。

　それでは次に「教師」とはいかなる職業をいうのであろうか。ここではもちろん、学校の「教員」を意味するものの、「教師」の類似語には、「先生」「教員」「教育職員」「教諭」等の言葉が多々存在し、それぞれ微妙に意味内容を異にする。まず幅広い意味内容を包含する「先生」という言葉は、教師

以外に、政治家、弁護士、医師、各分野の専門家等を対象として使用される敬称である。さらに第三者が教師や医師等を「先生」と呼ぶことがあり、また教師相互に「先生」と呼び合うときに使用されているのが現状である。幼稚園や小学校の教師が子どもたちに対して「先生の言っていることがわかりますか？」と自らを「先生」と呼ぶときの自称語としても使われる。

　さらに「先生になる」という事例を考えると、「学校教員」という職業そのものを意味する場合もありうる。「先生を目指す」とは、学校教員という職業への就職希望を意味するわけであり、弁護士や医師等の教員以外の就職希望の際には日本語の慣習的語法としては、なぜか使用されることはない。

　佐藤晴雄（2005）に従えば、このように考えると、「先生」という日本語は、敬称語・自称語・職業名という3つの意味概念を包含する言葉として使用されてきた事実が明瞭に理解できる。そして「教員」という用語は、学校教育法の「1条校」をはじめ、専門学校・各種学校・民間の研修所・塾等のさまざまな教育関係機関において、他人に何かを指導することを職務とする職員の職名として使用されている。「教員」は、「先生」や「教師」よりも使用範囲は限定されるものの、学校以外の機関に所属する者にも広範囲に多用されている。ここで「1条校」とは具体的に小学校、中学校、高等学校、中等教育学校、大学（大学院、短期大学を含む）、高等専門学校、特別支援学校、幼稚園のことを指し示す。

　大橋松行（2005）によれば、私たちは一般的に「教員」と「教師」とを厳密に区別せずに、ほとんど同義語として使用している。また実際に教育界でも、両者はよく混同されるのが常である。しかし、両者は明らかに異なる概念であることをここで強調しておきたい。「教員」という場合には、近代教育制度によって児童生徒を教育することを目的にして制度化された学校において、しかも公的に認定された資格をもって意図的な教育活動に専門に従事する公職者を意味する。つまり「教員」とは、学校制度として確立している初等・中等・高等の各教育機関で教育活動を行う教育職員のことなのである。さらに大橋松行（2005）によれば、ここでいう「教員」とは、学校教育法第1条に定める学校（前掲）のうち、教員免許状を必要

としない大学等を除いた学校に勤務する教員に限定される。

他方で、「教師」という言葉は、「家庭教師」「学習塾教師」等からも推測されるように、法定上の制度的職名を指定するものではなく、俗称として使用されていることがわかる。「教師」以外の「師」の付く職業には「医師」「美容師」「薬剤師」等があるものの、これらは法に基づく正式な職業名である。ところが、「教師」は「師」という語を含むにもかかわらず、制度的には「教員」や「教育職員」等の用語でも代用可能である。この事実は何を意味するのか？　それはつまり「教師」とは、学校組織に所属する一「職員」というよりも、教育を担う「職業人」に力点が置かれることを意味する。学校の教員が社会で「教師」と呼ばれる理由の一つは、それが「教員」や「教諭」では汲み尽せない他の職業とは次元の異なる「聖なる」価値観を含んでいるからである。人類の教師ペスタロッチ（Pestalozzi, J. H., 1746-1827）が「教聖」と呼ばれたのもこうした歴史的教師理解が背景にあるものと思われる。

(2) 法律から見た「教職」の範囲

上述の考察から、校長、教頭、教諭、講師など教育活動に直接従事する職種が「教職」と呼ばれていることがわかった。しかしここで法的な観点から眺めると、その範囲は、各々の法律によって異なることが判明する。佐藤晴雄（2005）とともに具体例で考えてみよう。公立義務教育諸学校の学級編成および教職員定数の標準に関する法律（義務教育標準法）によれば、「教職員」には教諭等以外にも寄宿舎指導員や学校栄養職員や事務職員が含まれている。この法律には、義務教育水準の維持向上に資するために、学校規模に応じた教職員の適正配置数が示されている。学校教育法28条第8項に依拠すれば、栄養教諭とは、児童生徒の栄養の指導及び管理をつかさどる教員を意味する。児童生徒の発育において、栄養状態の管理や、栄養教育の推進をめざして2005年から設けられた職である。栄養教諭は正規教員であり、栄養教諭普通免許状（専修、一種、二種）を有することが教員になるための条件となる。学校には、校長、教員、事務職員等の必要な職員を置かなければならず、教員には、教頭、教諭、助教諭、

養護教諭、養護助教諭、栄養教諭、講師が含まれ、職員には学校用務員、給食調理員などが含まれている。

(3) 教職の特殊性（デモシカ教師・サラリーマン教師）

「教職」は他の職業と比較して、特殊な位置を占める職業と考えられよう。なぜなら「教職」は仕事への勤勉性、奉仕的精神、子どもに対する模範性、高い職業倫理等がとくに要請されるからである。「教職は聖職」と言われる所以(ゆえん)がここにある。昭和30年代から40年代頃に批判の対象になった「デモシカ教師」や「サラリーマン教師」とは、教師としての高い倫理性等の欠如を表現するものであった。つまり、「教師」には模範性・高い倫理・奉仕的精神等が要請されるにもかかわらず、「教師にデモなるか」「教師にシカなれなかった」、つまり不本意な心構えのまま教職に就いてしまった「デモシカ」タイプや、与えられた時間だけしか仕事をしない「サラリーマン」タイプは、規範性や倫理性が欠如している教師として鋭い批判の対象となった。

教師は「学校」という社会から一定の距離を置いた空間に勤務しているため、じょじょに一般社会の常識に欠ける傾向が生ずる。学校の文化的特徴は「学校文化」と呼ばれ、一般社会の見方では理解しにくい。たとえば、朝礼のときの「前へならえ」「気を付け」などは軍隊の隊列様式を取り入れたものであり、現代的感覚から見れば教育的行動だと言いがたい。現在でも、戦後60年が経過しても何の疑問を持たれずに、多くの学校で「前へならえ」「気を付け」等が定着していることをはじめ、一般社会の常識に照らして一考を要するものが学校文化のなかには多々ある。

2 教職の意義

ここでは、教職の意義を「人づくりを通した公益性」という観点から①子どもの人格形成　②社会・国家・地球の発展への寄与　③地域の文化的創造への貢献という3つの側面から要約的に述べてみたい。

(1) 子どもの人格形成

佐藤晴雄（2005）によれば第一に「教師」は、学校で一人ひとりの児童生徒に対して、教育文化財を伝達する役割を担っている。学校教育法第28条第6項にある「教諭は、児童の教育をつかさどる」という条文は、教師の主要な職務が児童生徒への教育文化財の伝達つまり子どもへの教育活動を意味する。その活動を詳細に区分すれば、学習指導と生徒指導に分類できる。そこで教師は基礎的・専門的な文化を習得させつつ、児童生徒に学習を促している。

それと同時に、生徒指導においては、児童生徒に学校という集団生活を通して社会の規範を身につけさせ、道徳性を養うことを目指す。その過程で教師は良くも悪くも児童生徒に人間的な影響力を及ぼしていることに私たちは注目しなければならない。とくに、幼少の子どもの場合には教師の影響力は強烈なものとなることからも、教師には子どもの模範となるにふさわしい高潔な人格や人間性が求められる。

(2) 社会・国家・地球の発展への寄与

第二に「教師」は「人づくり」という教育活動を通して、社会の文化的水準の維持と向上に貢献する役割を担っており、それゆえに義務教育は無償制を堅持しているともいえよう。大局的に見れば、教師の社会や国家への貢献は、喫緊の課題である地球・人類の維持と発展へと関連するグローバルな視点に連なる。学校・家庭・地域社会との連携や、地球環境保護等の教育課題の重要性は、ますます教師に向けられるとともに、「教職」の意義の重さも再認識されている。

(3) 地域の文化的創造への貢献

第三に「教師」は、地域に置かれている文化的機関としての学校に所属しつつ、その地域社会の文化の創造と発展に寄与し、地域社会の「人づくり」に携わることが求められている。戦前までの学校は地域社会に密着した文化機関として、住民の福利厚生活動や防災活動等で貢献してきた。

しかし戦後になり、経済復興も進み、やがて高度成長期に突入すると、

とくに都市部では学校の閉鎖性が問題となり、地域社会離れも加速してきた。しかしようやく最近になって、再び学校と地域社会の関係が重視され始め、教師の役割が再評価されるようになってきた。たとえば、学校開放、PTA活動、地域懇談会、保護者会等を通して教師は地域文化に多少なりの貢献をすることが求められるようになった。最近では、「開かれた学校」という考え方も包含された学社連携・融合事業という概念がきわめて現実のものとして実践される傾向が強まっている。この意味からも、教師は学校内の児童生徒の教育活動を担うと同時に、地域の住民・保護者に対して指導的な教育的影響力を与える「人づくり」の役割をも担当することが求められている。

「教職」の社会的意義とは、まさに以上の3つの側面に求めることができるであろう。教職に就こうとする者は、その仕事が目前の子どもの発達を核として、地域社会、そして国家や地球の発展へと延長線上に同心円的につながっていることを自覚する必要がある。子どもの教育活動と同時に、さらに地域社会での貢献も踏まえつつ、国家や地球規模的な視野から教育を捉えることを常に認識するべき時代なのである。

第3節　教員の適性と社会的使命

1　「不適格」教員の増加

近年、いわゆる「団塊の世代」の定年退職の時期に突入し始め、教員採用試験における教員採用枠が増加しつつあるものの、児童生徒数の減少等の影響もあって、依然として教員採用試験は高倍率を続けている。数人の採用枠に何十倍もの受験者が殺到する事例も見られることも稀ではない。教員採用試験の場合、筆記試験、実技試験、面接試験、経歴・成績評定、適性検査などの方法によって、教員免許状取得（予定）者の中から、教員としての能力の程度を選考基準に基づいて判定する。

大橋松行（2005）によれば、教員採用を「選考」という形にするのは、

教員採用試験が「教員としてふさわしいと思われる人間」を選ぶための選別フィルターの役割を担っているからである。その選考条件にかなった者だけが「教員」になれるわけであり、教員採用試験に合格するための資格と適格性（学力、人格など）とを備えていなければならない。しかもそれらの適正はすぐに身につくわけではなく、したがって大学時代の学業や人間関係を含めた日々の生活のなかで、意識的に専門能力や教職・一般教養を高めておく努力が強く求められる。

　大橋松行（2005）に従いつつ、不適格教員の具体的な事例をあげてみよう。最近の文部科学省の調査で、児童生徒と適切な関係を構築できない公立の小中高校などの「指導力不足」教員が年々増加していることが判明した。指導力不足と認定された具体例として、「仕事の締め切りが迫る等の重圧がかかると仕事を休む」（小学校）、「協調性に欠け、職場の和を乱す。言葉遣いがきつく、誤解を招くことが多い」（小学校）、「時間休暇が多くプリントだけによる学習が多い」（高校）、「アルコール依存で授業が満足にできない」（高校）等があげられている。これらの内容は、不適格教員という前に、社会人としての最低の資質さえ備えていない規範の低さを如実に示すものといえよう。また、能力不足などを理由にした校長や教頭の希望降任制度に基づく降任の実施例も数十名報告されているという。こうした事例から、どうして能力不足の教員が管理職にたどりつけたのか不思議であると同時に、管理職試験の制度の在り方も問われてくるのではないだろうか。それでは、次に教員の適性として何が必要とされるのかということについて、以下で論じていくことにしよう。

2　教員の適性

(1)「授業の専門家」を目指すことができる人間であること

　教員にとって第一に要求される適性は、「授業の専門家」を目指す情熱と技術をもつことである。教員は本来、授業の専門家に向けて研鑽・努力する強い意志と燃えるような熱意を持続しうる特性を保持していなければならない。

たとえば、林竹二（1906-1985）は、学校教育の核心は、授業であり、したがって、教師は、一人ひとりが授業の専門家でなければならないという趣旨のことを述べている。換言すれば、授業の専門家こそ、教員に値する教師であるということであろう。

　また国語科教育実践の世界で大きな業績を残した大村はま（1906-1980）は、研究し続けることの必要性を次のように考えている。研究をしない先生は「先生」と思わない。なぜなら、子どもというのは「身の程知らずに伸びたい人」のことだと思うからである。研究せず、子どもと同じ世界にいない先生は、まず「先生」としては失格だ。大事なことは、研究をしていて、勉強の苦しみと喜びをひしひしと、日に日に感じていること、これこそ教師の資格だと思う、という趣旨の発言をされている。まさに身の引き締まる至言である。

(2) 何よりも「人間好き」であること

　教員は、教員である前に人格を持った一人の人間であることを忘れてはなるまい。とくに最近の社会における規範意識の低下が顕著になった風潮のなかで、教員は児童生徒たちにとって人生の先達であると同時に模範的な生き方をすることが第一に求められる。教員が、児童生徒たちにとって人生の先達でありうるためには、教員に良い意味での「権威」が備わっていなければならない。そのためにも児童生徒たちの前だけで道徳的ふるまいを装っても、そうした装いは、すぐに児童生徒たちに見破られるものである。日々の生活のなかで模範的な生き方・あり方が自然に実践できて初めて「権威」が感じられるようになり、そのことによって児童生徒が良い方向で影響を受けるものでなければならない。

(3) 「教育の専門家」になれる人間であること

　専門職として教職に関わる教員は、「授業の専門家」であることがなによりも求められるものの、しかし授業だけが学校教育のすべてではないことを理解しておかなければならない。教員としての仕事は他に、学級経営、学校経営、課外活動の指導、生徒指導、進路指導、教育相談、校務分掌、

職員会議や各種委員会の会議、学校内外での研修等、広範囲にわたっている。したがって、教員は幅広く「教育の専門家」としての力量（知識や技能）を身につけることも授業研究同様に重要なのである。

教員に欠かせない知識・技能としては、①教育内容・方法に関する知識・技能、②児童生徒に関する理解、③教育ないし人間形成に関する深い洞察、④学校や授業をとりまく諸条件に関する科学的認識の4項目があり、これらの総体が、教員に不可欠の知識・技能である。

(4) 児童生徒と「同じ高さの目線で向かい合える教師」であること

教員に求められる上記以外の適性として、自然や人間をありのままに受け入れることができ、愛情や情熱や正義感を率直に表現できる豊かな感性を内包していること等も指摘できよう。もちろん、教育の世界でもコンピュータ等の技術主体の授業も必要とされ、多様なハイテク機器を使いこなせる技能も要求される。しかしそれだけでは教員の思いは児童生徒に伝わらない。なぜなら、教員はモノではなく人間を対象とする職業であり、しかも成長・発達段階の真只中にある人間を相手にする職業だからである。その意味でも児童生徒と同じ高さの目線で向かい合い、彼らとともに喜び、悲しむことのできる豊かな感性が教員には不可欠となる。

3 教員の社会的使命

これからの教員の社会的使命とは、究極的には教育基本法（1947年制定、2006年12月22日改定）に明記された目標を遂行するために努力することにある。ここでは1947（昭和22）年制定の教育基本法と2006（平成18）年12月22日に改定された教育基本法の前文および教育の目的・方法の新旧比較表を掲載することによって、どの部分が変わり、またどの部分が従前のままであるのかを確認してみたい。こうした作業を経て、21世紀の学校の教員に求められている社会的使命が(**図表2-2**)浮き彫りになってくるだろう。

敗戦から2年後の1947（昭和22）年に旧教育基本法が制定された。そ

れから半世紀後の2006（平成18）年12月22日には、時代に即した新しい教育基本法が改定された。今一度大きく変わった点をまとめてみると、以下の項目が挙げられよう。

　第1章の教育の目的・理念では、今日とくに重要と思われる事柄が「教育の目標」として規定されている。たとえば、幅広い知識と教養、豊かな情操と道徳心、健やかな身体、能力の伸長、自律の精神、職業との関連の重視、男女の平等、公共の精神、生命や自然の尊重、環境の保全、伝統と文化の尊重、我が国と郷土を愛し、他国を尊重、国際社会の平和と発展に寄与等である。

　また2章の教育の実施に関する基本的事項として、新たに大学、私立学校、幼児期の教育、学校・家庭および地域住民等の相互の連携協力について規定されている。さらに2章の9条において「法律に定める学校の教員は、自己の崇高な使命を深く自覚し、絶えず研究と修養に励み、その職責の遂行に努めなければならない」とされ、独立条文となり、従来の「全体の奉仕者」という文言はなくなった。

図表2-2 改正前後の教育基本法の比較

（※ 下線部・枠囲いは主な変更箇所）

改正後の教育基本法 （平成18年法律第120号）	改正前の教育基本法 （昭和22年法律第25号）
前文 　我々日本国民は、たゆまぬ努力によって築いてきた民主的で文化的な国家を更に発展させるとともに、世界の平和と人類の福祉の向上に貢献することを願うものである。 　我々は、この理想を実現するため、個人の<u>尊厳</u>を重んじ、真理と正義を希求し、<u>公共の精神を尊び</u>、豊かな<u>人間性</u>と創造性を備えた人間の育成を期するとともに、<u>伝統を継承し</u>、新しい文化の創造を目指す教育を推進する。 　ここに、我々は、日本国憲法の精神にのっとり、我が国の<u>未来を切り拓く</u>教育の基本を確立し、その振興を図るため、この法律を制定する。	前文 　われらは、さきに、日本国憲法を確定し、民主的で文化的な国家を建設して、世界の平和と人類の福祉に貢献しようとする決意を示した。この理想の実現は、根本において教育の力にまつべきものである。 　われらは、個人の尊厳を重んじ、真理と平和を希求する人間の育成を期するとともに、普遍的にしてしかも個性ゆたかな文化の創造をめざす教育を普及徹底しなければならない。 　ここに、日本国憲法の精神に則り、教育の目的を明示して、新しい日本の教育の基本を確立するため、この法律を制定する。
第一章　教育の目的及び理念 （教育の目的） 第一条　教育は、人格の完成を目指し、平和で民主的な国家及び社会の形成者として必要な資質を備えた心身ともに健康な国民の育成を期して行われなければならない。	第一条（教育の目的）教育は、人格の完成をめざし、平和的な国家及び社会の形成者として、真理と正義を愛し、個人の価値をたつとび、勤労と責任を重んじ、自主的精神に充ちた心身ともに健康な国民の育成を期して行われなければならない。
（教育の目標） 第二条　教育は、その目的を実現するため、学問の自由を尊重しつつ、次に掲げる目標を達成するよう行われるものとする。 一　<u>幅広い知識と教養</u>を身に付け、真理を求める態度を養い、<u>豊かな情操と道徳心</u>を培うとともに、<u>健やかな身体</u>を養うこと。 二　個人の価値を尊重してその能力を伸ばし、<u>創造性</u>を培い、自主及び自律の精神を養うとともに、職業及び生活との関連を重視し、勤労を重んずる態度を養うこと。 三　正義と責任、<u>男女の平等</u>、自他の敬愛と協力を重んずるとともに、<u>公共の精神に基づき、主体的に社会の形成に参画し、その発展に寄与する態度を養うこと。</u> 四　<u>生命を尊び、自然を大切にし、環境の保全に寄与する態度を養うこと。</u>	第二条（教育の方針）教育の目的は、あらゆる機会に、あらゆる場所において実現されなければならない。この目的を達成するためには、学問の自由を尊重し、実際生活に即し、自発的精神を養い、自他の敬愛と協力によって、文化の創造と発展に貢献するように努めなければならない。

改正後の教育基本法 （平成18年法律第120号）	改正前の教育基本法 （昭和22年法律第25号）
五　伝統と文化を尊重し、それらをはぐくんできた我が国と郷土を愛するとともに、他国を尊重し、国際社会の平和と発展に寄与する態度を養うこと。	
（生涯学習の理念） 第三条　国民一人一人が、自己の人格を磨き、豊かな人生を送ることができるよう、その生涯にわたって、あらゆる機会に、あらゆる場所において学習することができ、その成果を適切に生かすことのできる社会の実現が図られなければならない。	（新設）
（教育の機会均等） 第四条　すべて国民は、ひとしく、その能力に応じた教育を受ける機会を与えられなければならず、人種、信条、性別、社会的身分、経済的地位又は門地によって、教育上差別されない。	第三条（教育の機会均等）すべて国民は、ひとしく、その能力に応ずる教育を受ける機会を与えられなければならないものであつて、人種、信条、性別、社会的身分、経済的地位又は門地によつて、教育上差別されない。
2　国及び地方公共団体は、障害のある者が、その障害の状態に応じ、十分な教育を受けられるよう、教育上必要な支援を講じなければならない。	（新設）
3　国及び地方公共団体は、能力があるにもかかわらず、経済的理由によって修学が困難な者に対して、奨学の措置を講じなければならない。	2　国及び地方公共団体は、能力があるにもかかわらず、経済的理由によつて修学困難な者に対して、奨学の方法を講じなければならない。
第二章　教育の実施に関する基本	
（義務教育） 第五条　国民は、その保護する子に、別に法律で定めるところにより、普通教育を受けさせる義務を負う。	第四条（義務教育）国民は、その保護する子女に、九年の普通教育を受けさせる義務を負う。
2　義務教育として行われる普通教育は、各個人の有する能力を伸ばしつつ社会において自立的に生きる基礎を培い、また、国家及び社会の形成者として必要とされる基本的な資質を養うことを目的として行われるものとする。	（新設）

改正後の教育基本法 (平成18年法律第120号)	改正前の教育基本法 (昭和22年法律第25号)
3　国及び地方公共団体は、義務教育の機会を保障し、その水準を確保するため、適切な役割分担及び相互の協力の下、その実施に責任を負う。	(新設)
4　国又は地方公共団体の設置する学校における義務教育については、授業料を徴収しない。	2　国又は地方公共団体の設置する学校における義務教育については、授業料は、これを徴収しない。
(削除)	第五条（男女共学）男女は、互に敬重し、協力し合わなければならないものであつて、教育上男女の共学は、認められなければならない。
(学校教育) 第六条　法律に定める学校は、公の性質を有するものであって、国、地方公共団体及び法律に定める法人のみが、これを設置することができる。	第六条（学校教育）法律に定める学校は、公の性質をもつものであつて、国又は地方公共団体の外、法律に定める法人のみが、これを設置することができる。
2　前項の学校においては、教育の目標が達成されるよう、教育を受ける者の心身の発達に応じて、体系的な教育が組織的に行われなければならない。この場合において、教育を受ける者が、学校生活を営む上で必要な規律を重んずるとともに、自ら進んで学習に取り組む意欲を高めることを重視して行われなければならない。	(新設)
「(教員)第九条」として独立	2　法律に定める学校の教員は、全体の奉仕者であつて、自己の使命を自覚し、その職責の遂行に努めなければならない。このためには、教員の身分は、尊重され、その待遇の適正が、期せられなければならない。
(大学) 第七条　大学は、学術の中心として、高い教養と専門的能力を培うとともに、深く真理を探究して新たな知見を創造し、これらの成果を広く社会に提供することにより、社会の発展に寄与するものとする。 2　大学については、自主性、自律性その他の大学における教育及び研究の特性が尊重されなければならない。	(新設)

改正後の教育基本法 (平成18年法律第120号)	改正前の教育基本法 (昭和22年法律第25号)
(私立学校) 第八条　私立学校の有する公の性質及び学校教育において果たす重要な役割にかんがみ、国及び地方公共団体は、その自主性を尊重しつつ、助成その他の適当な方法によって私立学校教育の振興に努めなければならない。	(新設)
(教員) 第九条　法律に定める学校の教員は、自己の崇高な使命を深く自覚し、絶えず研究と修養に励み、その職責の遂行に努めなければならない。 2　前項の教員については、その使命と職責の重要性にかんがみ、その身分は尊重され、待遇の適正が期せられるとともに、養成と研修の充実が図られなければならない。	【再掲】第六条（略） 2　法律に定める学校の教員は、全体の奉仕者であって、自己の使命を自覚し、その職責の遂行に努めなければならない。このためには、教員の身分は、尊重され、その待遇の適正が、期せられなければならない。
(家庭教育) 第十条　父母その他の保護者は、子の教育について第一義的責任を有するものであって、生活のために必要な習慣を身に付けさせるとともに自立心を育成し、心身の調和のとれた発達を図るよう努めるものとする。 2　国及び地方公共団体は、家庭教育の自主性を尊重しつつ、保護者に対する学習の機会及び情報の提供その他の家庭教育を支援するために必要な施策を講ずるよう努めなければならない。	(新設)
(幼児期の教育) 第十一条　幼児期の教育は、生涯にわたる人格形成の基礎を培う重要なものであることにかんがみ、国及び地方公共団体は、幼児の健やかな成長に資する良好な環境の整備その他適当な方法によって、その振興に努めなければならない。	(新設)
(社会教育) 第十二条　個人の要望や社会の要請にこたえ、社会において行われる教育は、国及び地方公共団体によって奨励されなければならない。	

改正後の教育基本法 （平成 18 年法律第 120 号）	改正前の教育基本法 （昭和 22 年法律第 25 号）
2　国及び地方公共団体は、図書館、博物館、公民館その他の社会教育施設の設置、学校の施設の利用、学習の機会及び情報の提供その他の適当な方法によって社会教育の振興に努めなければならない。	第七条（社会教育）家庭教育及び勤労の場所その他社会において行われる教育は、国及び地方公共団体によって奨励されなければならない。 2　国及び地方公共団体は、図書館、博物館、公民館等の施設の設置、学校の施設の利用その他適当な方法によって教育の目的の実現に努めなければならない。
（学校、家庭及び地域住民等の相互の連携協力） 第十三条　学校、家庭及び地域住民その他の関係者は、教育におけるそれぞれの役割と責任を自覚するとともに、相互の連携及び協力に努めるものとする。	（新設）
（政治教育） 第十四条　良識ある公民として必要な政治的教養は、教育上尊重されなければならない。 2　法律に定める学校は、特定の政党を支持し、又はこれに反対するための政治教育その他政治的活動をしてはならない。	第八条（政治教育）良識ある公民たるに必要な政治的教養は、教育上これを尊重しなければならない。 2　法律に定める学校は、特定の政党を支持し、又はこれに反対するための政治教育その他政治的活動をしてはならない。
（宗教教育） 第十五条　宗教に関する寛容の態度、<u>宗教に関する一般的な教養</u>及び宗教の社会生活における地位は、教育上尊重されなければならない。 2　国及び地方公共団体が設置する学校は、特定の宗教のための宗教教育その他宗教的活動をしてはならない。	第九条（宗教教育）宗教に関する寛容の態度及び宗教の社会生活における地位は、教育上これを尊重しなければならない。 2　国及び地方公共団体が設置する学校は、特定の宗教のための宗教教育その他宗教的活動をしてはならない。
第三章　教育行政 （教育行政） 第十六条　教育は、不当な支配に服することなく、<u>この法律及び他の法律の定めるところにより行われるべきものであり、教育行政は、国と地方公共団体との適切な役割分担及び相互の協力の下、公正かつ適正に行われなければならない。</u>	第十条（教育行政）　教育は、不当な支配に服することなく、国民全体に対し直接に責任を負つて行われるべきものである。 2　教育行政は、この自覚のもとに、教育の目的を遂行するに必要な諸条件の整備確立を目標として行われなければならない。

改正後の教育基本法 (平成18年法律第120号)	改正前の教育基本法 (昭和22年法律第25号)
2 国は、全国的な教育の機会均等と教育水準の維持向上を図るため、教育に関する施策を総合的に策定し、実施しなければならない。	(新設)
3 地方公共団体は、その地域における教育の振興を図るため、その実情に応じた教育に関する施策を策定し、実施しなければならない。	(新設)
4 国及び地方公共団体は、教育が円滑かつ継続的に実施されるよう、必要な財政上の措置を講じなければならない。	(新設)
(教育振興基本計画) 第十七条 政府は、教育の振興に関する施策の総合的かつ計画的な推進を図るため、教育の振興に関する施策についての基本的な方針及び講ずべき施策その他必要な事項について、基本的な計画を定め、これを国会に報告するとともに、公表しなければならない。	(新設)
2 地方公共団体は、前項の計画を参酌し、その地域の実情に応じ、当該地方公共団体における教育の振興のための施策に関する基本的な計画を定めるよう努めなければならない。	
第四章 法令の制定 第十八条 この法律に規定する諸条項を実施するため、必要な法令が制定されなければならない。	第十一条(補則)この法律に掲げる諸条項を実施するために必要がある場合には、適当な法令が制定されなければならない。

出所:文部科学省ホームページ

〈参考・引用文献〉

伊藤一雄「教職の意義と教員の役割」、伊藤一雄他編（2005）『教職への道標』サンライズ出版。

大橋松行著「教員の適性と社会的使命」伊藤一雄他編（2005）『教職への道標』サンライズ出版。

神戸市教育委員会発行(2007)「平成19年度　特色ある神戸の教育推進アクティブプラン」。

小島弘道他編（2003）『教師の条件』学文社。

佐藤晴雄（2005）『教職概論』学陽書房。

宮崎和夫編著（2000）『教職論』ミネルヴァ書房。

文部科学省ホームページ（2007）「改正前後の教育基本法の比較」一覧表。

吉田辰雄他編（1999）『教職入門――教師への道』図書文化。

第3章

進路指導の意義と課題

第1節　キャリア教育における「労働」の人間学的意味

1　労働の意義

　私たちはここで、「労働」ということの意味をフランクル（Frankl, Victor Emil, 1905-1997）（**図表3-1**）に即しつつ、考察することにしたい。一般に、「労働」には生活の基盤、社会的分業への参加、自己実現という三つの意味があると理解されている。しかし他方でフランクルは、人間の職業生活は「自己保存衝動」などを本質的に越えたものであると考えている。フランクルがとくに強調するのは、個人の独自性と一回性に基づく使命感であり、自己の好みによる欲求ではない。

　一般に、一定の職業だけが人間に価値充足の可能性を与えるわけではないので、その意味では、いかなるすぐれた職業もないのである。人間の生の意味は、個人的な使命のなかに表れる具体的な義務を果すことであり、一般的には「職業活動」を通してみられる。人間の人格や使命感は独自的かつ一回的なものであり、個人の独自性は世界や社会との関係で形成されるため、その使命は職業活動を通して達成されることが望ましい。しかし「価値」を実現することは、職業活動だけにとどまらず、ボランティア活動や余暇活動を通しても、人間に価値充足感を与えるのである。その意味でとくにすぐれた職業があるわけではない。

　フランクルによれば、神経症的な傾向のある人間は、もし自分が「他の職業」についていたならば、今より以上の使命を果していただろうと

主張しがちであるが、それは職業的労働の意味を誤解していると断じている。職業は私たちに充足感を与える機会を提供するだけである。仮に具体的な職業によって充足感が与えられない場合、罪はその人間にあり職業にはなんらの罪はない。当然のことながら、現代社会において、転職することは場合によって本人のキャリアアップになることもしばしば見受けられる場合もあるため、その場合にはむしろ他の職業に就くことで、自己実現が結果的に成就する事例もあることを言い添えておきたい。

図表3-1　フランクル
（1946年撮影）

2　労働と自己超越

　現代の若者の「新しい労働観」や「就業意識の変化」を中心に、経済企画庁編『国民生活白書』（平成7年版）を分析した梶川哲司（2002）の解釈に従えば、その核心は「わたしの気に入った仕事」や「自分のやりたいことの実現」にこだわる労働観であるという。この現代の若者の労働観は、自己の欲求実現に最高の優先順位を与えたいという現代社会を反映したものに他ならない。もちろん自分の労働を意味あるものにしたいという願いそのものは悪いものではないが、現代社会では、「わたし」と「やりたいこと」への過度なこだわりがみられるのみならず、こうしたこだわりが、「個性的な自己実現」と表現され、皮肉にも好意的に受け止められる傾向にある。しかしこうした「狭義の自己実現」は、自己の欲求の無限の解放を求め、やがて快楽主義と利己主義に陥る危険性を孕んでいる。

　フランクルは、現代社会のこうした過度に歪められた「狭義の自己実現」に対して、真の自己実現は「自己超越性」によって成就されると考えている。この「自己超越性」には、自己を引き渡す対象と状況が必要とされ、それらを提供するものとして「仕事」があり、その仕事を保障するものとして「職

業」が位置づけられている。すなわち「労働」ということは、仕事をすることであり、仕事をするということは、そのつどのなすべき事に仕え集中すること、すなわち我を忘れて事そのものに仕えることに他ならず、その結果として自己が実現されるのである。

3　夏目漱石の労働観

　夏目漱石（1867-1916）は、彼の著作『私の個人主義』のなかの「道楽と職業」という一節で、「労働」ということについて「自己超越的な哲学」を展開している。漱石は言う。「職業というものは要するに人のためにするものだという事に、どうしても根本義をおかなければなりません。人のためにする結果が己のためになるのだから、元はどうしても他人本位である。（中略）要するに職業と名のつく以上は趣味でも徳義でも知識でもすべて一般社会が本尊になって自分はこの本尊（ほんぞん）の鼻息を伺って生活するのが自然の理である」。人のためにする結果が自己のためにもなるという視点が、仕事のもつ自己超越的側面による自己実現を示唆している。仕事は「他人本位」にするものだというのが漱石の理解なのである。

　労働を生活のための必要条件と考える神経症的な態度と、労働を意義あ

図表 3-2　夏目漱石　千駄木書斎にて
（明治 39 年 3 月撮影）

る生活目的達成のための手段と考える正しい態度とのあいだには、大きな相違があることをフランクルは強調した。たとえばフランクルは、最も非人間的で一見、意義が見出せないような仕事でさえ、労働者が創造的な価値と意義の可能性を発見できるように気づかせることが重要であると考えている。すなわち「天職」としてそれを自分の仕事として打ち込むことによって、その仕事に価値が生まれ始め、その人の人格も高められるとフランクルは説くのである。こうした上述の職業観からも、私たちは、本当の自己実現や生きがいは、自己以外の他の者または物に我を忘れて専念するという迂路を通ってのみ達成されるというフランクルの考え方が、いかに正しいものであるかがうかがい知れる。そしてこれこそがあらゆる自己形成の秘密なのである。

第2節　学校教師の役割としての進路指導

1　進路指導の本質とは

「進路指導」という言葉を聞くと、一般的に、「中学校」での志望高校決定時の相談風景、あるいは高等学校の進路指導室での相談体験を連想するだろう。もちろん、それらもまた進路指導の仕事の一部にはちがいないが、本来、どのような内容が進路指導の領域といえるのだろうか。伊藤一雄（2005）によれば、進路指導の業務の一つである入学試験指導等は世間から注目される仕事である反面、実際の学校現場での進路指導業務の大半は、生徒の将来の進路を受け止め、助言する地味な仕事なのである。

（1）進路指導の変遷

伊藤一雄（2005）にしたがえば、学校では校長、次いで教頭を組織上の責任者として、そこから枝分かれしつつさまざまな分掌が展開されており、その中の一部門が進路指導を担当する。そしてそこでの総括的責任者が進路指導主事と呼ばれている。こうした制度が設定されたのは1953（昭和

28）年の文部省令第25号「学校教育法施行規則の一部を改正する省令」においてである。最初は「職業指導主事」という職名で開始された。これには「職業指導主事は教諭をもってこれにあてる。校長の監督を受け生徒の職業指導をつかさどる」と規定されていた。さらに1971（昭和46）年の文部省令の改定により「職業指導主事」の名称が「進路指導主事」となり、これに呼応する形で、「職業指導」(vocational guidance) と呼ばれていたものが、「進路指導」(career guidance) と名称変更された。それまでの職業指導という職業に限定した狭い範囲の指導ではなく、学校教育全体の教育活動として進路指導を位置づけることになったのが名称変更の大きな理由である。

　1974（昭和49）年に90％を超えた高校進学率は、その後2007（平成19）年現在でも同じ比率の状態が続いている。しかしこの省令ができた当時の1953（昭和28）年頃は、高校進学率が50％にも達しておらず、多くの中学生は卒業するとすぐに就職という状況にあった。こうした歴史的事情のために、就職指導には職業指導のベテランの教師が配置されていたし、学校側のこうした進路指導体制の確立は、むしろ喫緊の課題でもあった。しかしその後の急速な進学率の上昇によって、高校進学者は急増し、中学卒業生はそのほとんどが高校へ進路をとるようになった。

(2) 教師の役割としての進路指導の実際的目標

　現行の進路指導の目標を抜きだしてみると、中学校学習指導要領総則では、「生徒が自らの生き方を考え主体的に進路を選択できるよう、学校の教育活動全体を通じ、計画的、組織的な進路指導を行うこと。」となっており、高等学校学習指導要領総則では、「生徒が自己の在り方生き方を考え、主体的に進路を選択することができるよう、学校の教育活動全体を通じ、計画的、組織的な進路指導を行うこと。」となっている。このように、進路指導は近年の社会状況に応じてその重要性がますます高まりつつある。

　伊藤一雄（2005）によれば、進路指導は、学校行事や学級あるいはHR活動の中で行われるべきである。中学校および高等学校の場合、特別活動の目標は「望ましい集団活動を通して、心身の調和のとれた発達と個性の

伸長を図り、集団や社会の一員としてよりよい生活を築いていこうとする自主的、実践的な態度を育てるとともに、人間としての在り方（註：下線は高等学校のみ）生き方についての自覚を深め、自己を生かす能力を養う。」とされ、学校の現場で生徒を対象に行う実務としては以下の4点が伊藤一雄（2005）によって明確に指摘されている。

① 生徒が自分の進路適性についての理解を図るのを助ける。

　　日本社会の現状を分析すると、進学率の急増に伴い、同世代の若者が、高校、大学とほぼ均一的ともいえる進路をとる状況になってきた。そうなると、人生のほんの一部の評価である「偏差値」といった単純な尺度で自分を、あるときは過大評価して喜び、反対にあるときは過小評価しては自己卑下する傾向が生じる。このように自分を冷静に見つめることが困難な場合に、さまざまな相談活動等を通じて生徒の自己理解を深める援助をすることが重要である。

② 生徒がさまざまな進路情報の活用と理解ができるよう指導・援助する。

　　情報化社会のなかで、生徒の周辺にも、玉石混交の情報が入り乱れているのが現状であり、そのなかから自分にとってどのような情報が正しくまた必要となるのかを取捨選択する情報選択能力を強化する指導が求められる。

③ 生徒が自己に適した進路先を決定できるよう援助する。

　　教師はあらゆる学校生活の場面で、生徒に具体的進路の決定の援助をする姿勢が求められる。進路指導の仕事には、進学や就職等で思い通りの結果が得られなかった生徒のアフターケアの指導をすることも含まれる。この指導は、本人だけでなく、むしろ保護者等への適切な配慮をも包含したきめ細やかな対応が求められる。

④ 生徒が決定した進路先に適応できるよう援助する。

　　中学校あるいは高等学校の卒業生の大半は、高等学校や大学等に進学していくか、あるいは就職等で社会人となっていく。とくに就職の場合の問題点として、中学校卒業生では約半数が、高校卒業生では約3分の1が、卒業後3年以内に離転職しているという深刻な

事実があり、いわゆる進路不適応の生徒の相談に対応することも進路指導の仕事となる。この点については、すでに大学を卒業した者でも類似の進路不適応が社会問題化し始めており、早急な対応が求められている。

(3) 進路指導の仕事

これとの関連で、さまざまな業務を担当する進路指導の仕事を大別すると、高等学校等の場合は、進路指導の年間指導計画等は各分掌の進路委員会で行うのが一般的である。一方、中学校の場合は、進路指導業務一般は、学年担任が全体として取り組む場合が多い。中学校の学級担任や高校のHR担任としての指導は、おのずから学級やHRがその中心となる。年間のHRの時間数は35回あり、その中で進路指導に関する問題は、7～8時間は割かねばならない重要課題である。

他方で、個々の生徒に対しては個人面談、保護者も含めた三者面談等を実施する必要がある。進学や就職が思うように実現できなかった生徒の指導をするのは、教員として辛い経験となるものの、しかしまた卒業時に、さまざまな困難を克服した生徒が、元気に社会にはばたいてゆく姿を見られる喜びを味わうことができるのも学級担任あるいはHR担任の特権でもある。以下では、その意味で進路指導の仕事の中で中核に位置づけられている、「進路保障」の問題を選んで説明したい。

(4) 進路保障の問題

伊藤一雄(2005)の理解によれば、中学校や高等学校の現場で教員たちが、最も神経をすり減らす指導の一つに生徒の就職問題があるという。文部統計によれば、1999（平成11）年3月に中学校卒業者の就職割合はわずか2%であり、高等学校卒業者の場合は20%程度にすぎない。しかし少数だからといって援助体制を手薄にしてはならない。今日では、少数派に属する中学校での就職希望者は、高学歴化の進む今日の社会的状況の中で経済的・家庭的に恵まれない生徒が多いだけに、教員は多数の進学する生徒以上に、柔軟にしかもきめ細かく生徒の相談に向き合う心構えが求められる。

生徒によって、はやく就職が内定する場合もあれば、年が明けて卒業式が近づいても就職が決定せず、本人のみならず保護者や指導教員も、募る思いで、内定獲得を待ち望む場合も多々ある。いずれにせよこの「進路保障」の問題は、学校現場の教員等の喫緊の課題となる。

第3節　進路指導の理念と意味

1　進路指導の理念

　熊谷信順（2005）によれば進路選択を考えるうえで重要な事柄は以下の2点に集約できる。第一に進路選択は、生徒一人ひとりの主体的な行為であるとしたうえで、自分の生き方は自らが考えることが基本である。なぜなら私たちは、自らの人生を設計して生きるのは自分以外にはなく、その結果がどうであれ、自分の責任で引き受けなければならないからである。進路選択は、こうした自立した生き方が基盤となるわけであり、誰か他の人が決定したり、用意してもらったりするものではない。

　第二に、進路選択にとっては自己理解を深めることが重要な要素となる。どのような活動に携わっているときに自分は満足感や充実感を得られるのだろうか。こうした問いに応えるなかで、そこから自分の特徴を明確にし、受容することによって自分が将来、自信をもって生きてゆくことができるのである。

　さて、私たちは、一日の大半の時間と労力を職業的活動に費やす。それが長年、蓄積され継続されて、日々の仕事に適応することができ、職業的に社会化されてゆく。そのような過程を経て、職業的価値観や、規範、倫理観等を自己の中に内在化させてゆくことができるだけでなく、言葉遣いや行動の仕方までも独特のスタイルを構築するようになる。職業生活は自分の生活そのものであり、長い人生の中での蓄積の連鎖が「キャリア」と呼ばれている。その意味でキャリアとは、自分の人生そのものであり、自分という人間が確かにこの世に存在した証でもある。自分の固有の価値や

意味は、どのような活動や仕事を通じて最も効果的に表現できるかを考え続けることに意味がある。つまり進路選択は、生き方の選択であり、進路指導は生き方の教育であるともいえるのである。

2　進路指導の意味

篠崎信之（2006）にしたがえば、確かに進路指導は生徒指導の一部であるものの、実際には生徒指導部、進路指導部という別々の表記で言い表されており、分離して活動されている場合が普通である。進路指導の定義としては、『中学校・高等学校進路指導の手引——高等学校ホームルーム担任編（改訂版）』(1983) の中で、「生徒の一人ひとりが、自分の将来の生き方への関心を深め、自分の能力・適性等の発見と開発に努め、進路の世界への知見を広くかつ深いものとし、やがて自分の将来の展望を持ち、進路の選択・計画をし、卒業後の生活によりよく適応し、社会的・職業的自己実現を達成していくことに必要な生徒の自己指導能力の伸長を指す、教師の計画的、組織的、継続的な指導・援助の過程」と規定されている。このことからも理解できるように、進路指導の本質は、単に卒業後の就職先や進学先を決定することだけではなく、生徒が自らの能力を最大限に発揮し、自分らしく生きる進路を、自らの力で見出すための援助をすることである。

進路指導はともすれば、卒業を控えた最終学年に集中しがちになるものの、本来は、初年度から計画的に数年の期間を継続して展開されるべきものである。その意味で適切な進路指導とは、学校全体、全学年を見通した長期展望の視点が求められる。そのため、進路指導の中核的位置づけとしての進路指導部が長期的な進路指導の全体計画を立案することになる。

進路指導計画では、第一に進路指導の全体計画が作成される。全体計画は、基本的事項と全体計画表に区分される。基本的事項には、進路指導の目標、方針、努力点などが示される。全体計画表には個々の計画の主要事項が、学年別・月別に示される。全体計画を達成するために個々の計画が立案される。個々の計画は、およそ次の3つに分けられる。

① 生徒に直接働きかけるために必要な個々の計画（学級活動・ホームルーム活動における進路指導計画等）
② 教師の活動のために必要な個々の計画（進路指導部の活動計画、相談室・情報処理室等の管理運営の経験等）
③ 外部に働きかけるために必要な個々の計画（学校間・職業安定機関・事業所等との連携の計画等）

さらに篠崎信之（2006）によれば、進路指導の中心となるのは、生徒に直接働きかけるために必要な個々の計画である。その具体的指導内容は以下のように6分割される。

① 「教師の生徒理解および生徒の自己理解を深める活動」
② 「進路に関する情報資料を学ぶ活動」
③ 「啓発的経験を深める活動」
④ 「進路に関する相談活動（進路相談）」
⑤ 「就職や進学に関する指導・援助の活動」
⑥ 「卒業者の追指導に関する活動」

①の「教師の生徒理解および生徒の自己理解を深める活動」とは、教師が生徒をしっかりと受け止め、また生徒が自らを受け入れやすくするための活動である。具体的に、生徒は学力偏差値だけで表現しきれない多くの可能性を含みもっていることを認識すること、また生徒自らが自身の能力、適正等を把握し、自らに適した進路を選択できるように、教師が指導することが重要である。

②の「進路に関する情報資料を学ぶ活動」では、生徒に進路情報を与え、それらの情報を自分で収集できるように教師が指導することが求められる。進路情報を生徒に提供することによって、生徒は進路意識を高めることができる。その結果として、生徒の望ましい職業観が育成される。

③の「啓発的経験を深める活動」とは、生徒が自らの経験を通して自分の能力、適性等を確認しつつ具体的な進路情報を獲得するための活動であ

る。たとえば、教師が学校の授業のなかで、個々の生徒の各教科における得意・不得意や興味を検討することや、教師が学校行事における勤労生産・奉仕活動、職場見学等に積極的に関与すること等がこれに当たる。

④の「進路に関する相談活動（進路相談）」とは、「進路」に関する相談活動である。進路相談は進路という問題が強調されるものの、「教育相談」の一部として理解することができる。

篠崎信之（2006）の理解によれば、進路相談の実施に際して、教師は、進路についての豊富な情報をもって的確に生徒に助言できなければならない。そのため、進路相談は学級担任だけが担当するのではなく、進路指導主事や専門教科の担当教師も側面から援助する姿勢も求められよう。

⑤の「就職や進学に関する指導・援助の活動」とは、生徒が主体的に自ら選択した進路に積極的に関わることができるように、教師が実際的な指導・援助を行うことである。具体的に、進路先への提出書類の準備、選考試験に臨む際の諸注意、進路先での適応についての指導等が教師によってなされる。この段階では、自らの進路計画は自ら決定したという自覚を生徒に意識させることが重要である。なぜなら、万一その生徒が就職後、進

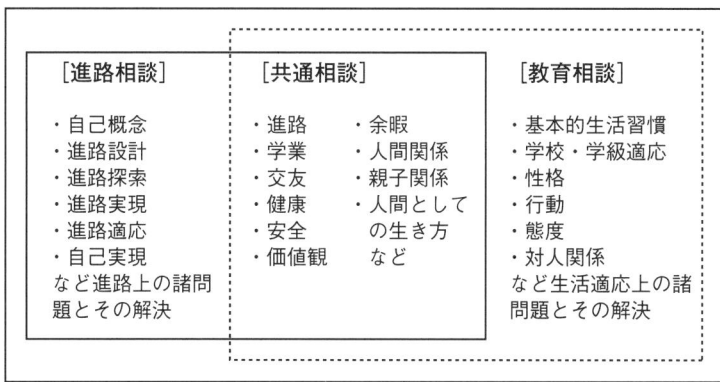

[進路相談]	[共通相談]		[教育相談]
・自己概念	・進路	・余暇	・基本的生活習慣
・進路設計	・学業	・人間関係	・学校・学級適応
・進路探索	・交友	・親子関係	・性格
・進路実現	・健康	・人間として	・行動
・進路適応	・安全	の生き方	・態度
・自己実現	・価値観	など	・対人関係
など進路上の諸問題とその解決			など生活適応上の諸問題とその解決

学校における広義の教育相談
（人間性の育成，教育的・職業的発達の援助）

出所：『最新生徒指導・進路指導論』2006年　図書文化社．

図表 3-3　学校教育相談と学校進路相談との関係（文部省 1982）

路先で困難に遭遇しても乗り越えることが可能だからである。
　⑥の「卒業者の追指導」とは、学校卒業後も、進路先で適応しつつ活動できるように指導・援助することである。具体的には、訪問・招集・文書・電話等で対応することになるが、このような指導は、学校と進路先と綿密な連絡をとりつつ、信頼関係を構築するなかで実践する姿勢が求められる。追指導の段階は、在学中の進路指導のあり方や、「教師－生徒」の人間関係の本質が問われる機会でもある。

〈参考・引用文献〉
伊藤一雄他編（2005）『教職への道標』サンライズ出版。
梶川哲司（2002）「フランクルの労働観」山田邦男編、『フランクルを学ぶ人のために』世界思想社。
熊谷信順（2005）「進路指導の意義と課題」、高橋超他編著『生徒指導・進路指導』ミネルヴァ書房。
篠崎信之（2006）「教育相談・進路相談の方法・技術」吉田辰雄他編著『生徒指導と進路指導論』図書文化。
夏目漱石（1911）「道楽と職業」『私の個人主義』講談社学術文庫所収。
フランクル著　大沢博訳（1979）『意味への意志』ブレーン出版。
―――著　霜山徳爾訳（1973）『神経症Ⅰ』みすず書房。
―――著　宮本忠雄・小田晋訳（1974）『精神医学的人間像』みすず書房。
―――著　霜山徳爾訳（1976）『死と愛』みすず書房。
―――著　諸富祥彦監訳（1999）『〈生きる意味〉を求めて』、春秋社。
宮崎和夫編著（2000）『教職論　教員を志すすべてのひとへ』ミネルヴァ書房。
文部科学省編著（2002）『高等学校学習指導要領解説（平成11年12月）――総則編』東山書房。
文部科学省編著（2004）『中学校学習指導要領解説（平成10年12月）――総則編』東京書籍株式会社。
山田邦男（1999）『生きる意味への問い』佼成社。
吉田辰雄編著（1992）『最近の生徒指導と進路指導』図書文化。
吉田辰雄・大森正編著（2004）『教職入門　教師への道』図書文化社。

第4章

人間教師論
星野富弘さんの生き方から学ぶ

第1節　人間教師・星野富弘さんの「教師論」での位置づけ

　星野富弘（1946-）さんは、両手両足が不自由なために、口で筆をくわえてあざやかな草花のペン画や水彩画を描く有名な詩画作家として、現在でこそ日本中で知られている存在であるものの、大学を卒業してすぐに就職した職業が「中学校教師」であったことは意外と知られていない。そしてまた「道徳教育」の主題であるならば、星野さんの生き方は困難を克服した若者の事例として紹介されるにふさわしいものの、こうした「教師論」という位置づけのなかで星野富弘さんが紹介されることは稀な事例であると思われる。しかし筆者は、教員養成における「教師論」という領域で、現代日本の「教師」の資質や本質を語るにあたって、なぜ今、「星野富弘」という人物あるいは生き方をこの場で紹介したいかを以下に論じてみたいのである。

　結論から述べるならば、筆者が考えるに、「教師論」においてその中核になる事柄は、教育制度でもなければ、教育方法あるいは教育法規的な内容でもない。もちろんそれらも大事な教育の領域ではあるものの、事の順序として、「教師とはなんぞや」という本質論を抜きに他の教育領域を論じても無意味であるとの確信から、1節をあげて星野富弘という人物の生き方・人生に対する取り組み方を紹介したいのである。

第2節　星野富弘さんの苦闘の人生

1　星野富弘さんの誕生から悲劇が起こるまで

(1) 新任の体育教師として高崎市立倉賀野中学校に赴任

　1946（昭和21）年4月24日、渡良瀬川上流域の山間の村、群馬県勢多郡東村（現・みどり市）神戸に七人兄姉の五番目として生まれ育った星野富弘さんは、経済的には決して恵まれた環境にはなかったものの、両親の愛情を豊かに注がれて農家の家庭で何不自由なく、自然の恵みをいっぱい受けて元気にすくすくと育った。星野富弘さんが生まれる前の年、一家は戦災で焼け野が原となった東京から、父の故郷であるこの地に戻ってきたのである。

　両親の畑仕事を手伝いながら、渡良瀬川のある東村の自然のなかでのびのびと遊びまわる少年時代を過ごす。小学校一年のときに見た器械体操の模範演技が後の進路選択に大きな影響を与えることとなる。高校は群馬県立桐生高等学校に進むものの、体育とクラブ活動（器械体操部）が得意で、さらに山岳部にも顔を出していたというスポーツ好きの青年であった。

　「23歳で、群馬大学教育学部を卒業」と自伝のなかで触れられているように、スポーツ好きでさまざまな活動に全身全霊を傾けていた（図表4-1）。最終的に、勉学の成果が発揮され、就職はみごとに一度で、公立の教員採用試験に合格された。ついに1970年4月、24歳のときに、念願の新任教師として高崎市立倉賀野中学校に「体育教師」として赴任する。この進路決定は、ご両親の期待にも添うところであり、長男である本人はもちろん

出所：写真『愛、深き淵より。』

図表4-1　大学1年の関東インターカレッジにて

のこと、さらにご両親もたいへん喜ばれた。しかしそれからわずか2カ月足らず後の6月17日の夕方17時45分に、悲劇が起こってしまったのである。

(2) 運命の悲劇的事故

　星野先生は、事故の起こる次の日から、2年生の高原学校の付き添いで榛名湖へ行くことになっていたので、たまっていた下着を学校の用務員室で洗濯しようとした。しかし洗濯機の前に立つと窓からあまりにも透き通った深い青空が見えたので、体育館へ行って生徒たちと飛び回ろうと、洗濯の予定を急遽変えて、体育館へ行った。放課後の体育館は活気に満ちていた。「きたぞ！」という生徒たちのうれしそうな顔を見るのが星野富弘先生は好きだった。「やっぱりきてよかった」と星野先生は思ったという。中学生の器械体操は、床、鉄棒、跳び箱で、とくに鉄棒は危険だから、星野先生がいないときは練習しないように伝達していたので、生徒たちは、踏み切り板を使用してジャンプの練習をしているところだった。星野先生は、踏みきり、ジャンプ、空中での回転、この三段階を極端に区切って模範演技をしてみせた。失敗しても大丈夫なように、マットのうえにさらに厚さ20cmのスポンジのマットを敷いて万全を期した。軽く助走をつけて、天井に向って飛び上がった。思い切り伸ばした体をすばやくボールのように丸めつつ回転をつけた。と次の瞬間、「バアン！」と音が星野さんの耳の奥でしたという。

　ぼんやりと時の流れがあり、ふと気が付くと、星野さんの周りに人垣ができていた。あわてておきあがろうとするが、その気持ちが体のどこにもひっかからなかったという。体全体が熱く感じられ、手足が湯気のように蒸発して形がなくなったような錯覚に陥ったという。高崎市内の整形外科病院を経て、最終的に群大病院整形外科へ到着する。

　医師のカルテによると、人間の首は7個の頸椎（けいつい）がたてにつながっており、それぞれから手足等全身を動かす運動神経等がでている。星野さんの場合、上から4個目を脱臼骨折したため、肩から下の下方全身に麻痺がおこった。通常は、このようなけがの場合、窒息死する事例が多いが、たまたま横隔

膜を動かす神経が4個目のすぐ上から出ていたために損傷せず、かろうじて腹式呼吸が可能であったため、一命を取り留めたのである。

2　入院後の星野富弘さんの苦悩と現在に至るまでの軌跡

(1) 死に直面した日々

　入院されてから数日間の星野富弘さんは常に死が迫っている状況で、高熱が続き、肺炎、尿路感染を併発し、いつ天に召されても不思議ではない状態が続いた。1970（昭和43）年6月22日には、気管切開をして人工呼吸器を取り付けるほどのところまで追い詰められた。お母様が星野さんにつきっきりの看病をされたため、なんとか星野富弘さんは生き延びることができたといっても過言ではないだろう。しかし12月9日には意識不明となり、しばしば呼吸停止が2、3分続き、瞳孔も散大した。夜中の12時頃、星野さんが息をしていないことに就寝中のお母様がたまたま気付いて一命が取り止められたこともあったという。星野さんはまさに死の淵をさ迷いつつ日々と闘っていたといえよう。

　1971年1月1日、心のなかには劣等感しかないお正月を病院で迎えたと星野先生は振り返る。そしてこの頃、星野さんに一つの精神的な転機がやってきた。入院して2度目の春が来て、26歳の誕生日を迎える頃、星野さんは、この頃、「生きているのではなく、生かされている」というキリスト教作家三浦綾子（1922-1999）さんの考え方に共鳴し始めていた。この頃からベッドの下に置いていた先輩の米谷さんが届けてくれた聖書の存在が気になり始めていた。

(2) 舟喜拓生牧師との出会い

　大学時代に同じ寮に住んでいた2年先輩の米谷さんが通っていた前橋キリスト教会の舟喜拓生牧師がこの頃たびたび星野富弘さんを訪問されている。しかし星野富弘さん自身は病室のまわりの人々の目が気になって聖書を読む気持ちにはまだなれなかったという。しかし一大決心をして書見器に聖書をつけてもらって読み始めることになる。舟喜拓生牧師が紙をはさ

んだ箇所は「ローマ人への手紙」5章3〜4節であった。「そればかりではなく患難さえもよろこんでいます。それは患難が忍耐を生み出し、忍耐が練られた品性を生み出し、練られた品性が希望を生み出す。」という聖句に星野さんは釘づけにされた。信じられなくとも信じたいと思ったという。この言葉自体がすでに希望だったと星野さんは述懐されている。

(3) 口で筆をくわえて字を書き始める

そして1972(昭和45)年頃から、口で筆をくわえて字を書くことが、神様が求めておられることかもしれないと星野さんは思い始めた。星野さんはそれまで上を向いて書くことばかりにこだわっていたためうまく書けなかったのだが、その年の12月にある看護実習生が、横向きで字を書いたらどうかと提案してくれた。そうすると12月15日、初めてカタカナの「ア」が書けるようになった(**図表4-2**)。

枕の上の頭を少しずらすだけだから、力がほとんど必要なく、その夜、久しぶりにぐっすり眠れたという。さらに12月28日の日記によれば、わずか13日間の練習で、今度は初めて漢字を書くことも可能になっており、こうしたことからも、星野さんがすさまじい努力家であることがわかる。

1973(昭和46)年1月、3回目の新年を病院で迎えることとなる。当時は、石油ショックの影響で、病院の暖房も節約のため、お母様は湯たんぽの上に足を乗せて、寒さを凌いでおられた。わびしい正月だったが、字が

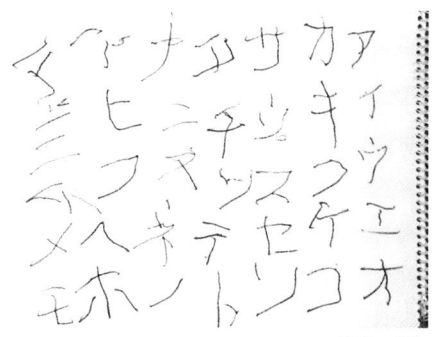

出所:『愛、深き淵より。』

図表4-2　1972年12月15日初めてカタカナの「ア」が書けた

かけるようになり星野さんの気分は明るかった。字を練習し始めて1カ月が過ぎて、ふらふらしていた線もまっすぐ引けるようになる。

(4) 渡辺昌子さんとの出会い

そのことが星野さんの身にも新しいことが起こる前兆のような気がしたという。そしてついに世界の扉は開かれ始めた。「私は前橋キリスト教会に通っている渡辺と申します。船喜牧師からいつもお話をきいています。」と、あたらしい出来事が展開されることとなる。渡辺昌子さんについて、星野富弘さんは、お母様が外出されたときに、みかんを食べさせてくれたことが強烈な印象として残っていると自伝のなかで書かれている。その後も渡辺さんは毎週、土曜日欠かさず訪問され、それが週に2度、3度と訪問回数が増えていった。星野富弘さんが熱を出すと、会社の帰りに毎日立ち寄ってくれて、病室には入らず、部屋の窓明かりから遠くをみつめながら祈ってくれる人だったと星野さんは述懐されている。

(5) 障害を背負ったことへのいらだち

1973年10月頃には、自分の力で排便できないので1日おきに浣腸のお世話になっていた。生きる意味を見出しつつ、前向きな気持ちを持てるときもあったが、事はそれほど単純ではなかった。星野富弘さんの精神的

出所:『愛、深き淵より。』

図表4-3　尿が出た喜び　　1973年11月日記スケッチ

健康については、行きつ戻りつの状態が繰りかえされていた。体の動かないことへのいらだちは、余人の想像の及ばない絶望感を生じさせるものであった。とはいうものの、この頃には（**図表4-3**）や（**図表4-4**）のようなスケッチにも取り組み始め、人生を前向きに受け止めようとする姿勢も感じとることができる。

　星野富弘さんは自ら、手を動かすことができないので、三度三度の食事は、結婚されるまでは、お母様が世話をされていた。1973年11月のある日のことだった。世話をされるお母様の手元がふるえてスプーンの汁がたまたま星野さんの顔にこぼれてしまった。わずかなことだったが積もり積もったイライラが爆発し、「チキショウ。もう食わねえ。くそばばあ」とご飯粒をお母様の顔めがけて吐き出して怒鳴ってしまった。そのとき星野さんのお母様は、涙を拭きながら、外へ出てしばらく帰ってくることができなかったという。

　この頃、星野さんは死にたいと思ったことが何度もあるという。若い青年にとって、女性を好きになっても抱くこともできないことが頭から離れない深刻な苦しみだったという。しかし不思議なことに、死にそうになると生きたいと切に願った。母親に首をしめてもらおうと真剣に考えたこともあるが、しかし母親を殺人犯にさせるわけにいかないと思い、とどまったという。

出所：『愛、深き淵より。』

図表4-4　母にストレッチで押されて散歩するスケッチ　1973年11月

(6) 船喜拓生牧師より洗礼を受けた星野さん

このような苦悩を抱えつつ、ついに、1974年12月22日、28歳の星野富弘さんは、入院中の病院で前橋キリスト教会の船喜拓生牧師より洗礼を受けることとなる。星野さんは言う。「もし私がけがをしなければ、この愛に満ちた母にきづくことなく、私は母をうす汚れたひとりの百姓の女としてしかみられないままに、一生を高慢な気持ちで過ごしてしまう、不幸な人間になってしまったかもしれなかった。」(『新版　愛、深き淵より。』立風書房)。

(7) 教え子の見舞い・中学校教師時代の思い出

1975年1月15日のことであった。日本髪にかんざしをゆらしながら、晴れ着姿の女子が2人して星野富弘さんを訪ねてきた。星野富弘先生が新任時代にけがをしたとき、体操部に所属していた教え子のデメさんとキミさんであった。彼女らは、中学校を卒業して高等学校にあがってからも時々お見舞いにきてくれていた。デメさんは美容師、キミさんは店員として活躍されている。高崎市内で成人式を終えると、そこからタクシーで郡大病院までお見舞いにきてくれたのである。またこの頃には (**図表4-5**) からもわかるように星野さんは水彩画にも挑戦され始めているのである。

星野富弘さんは、倉賀野中学校での2ヵ月間を次のように回想している。大学で5年過ごして、最後の年の12月から3月までを、野沢温泉スキー場でパトロール隊員としてアルバイトをしながら生活した。山を降りたの

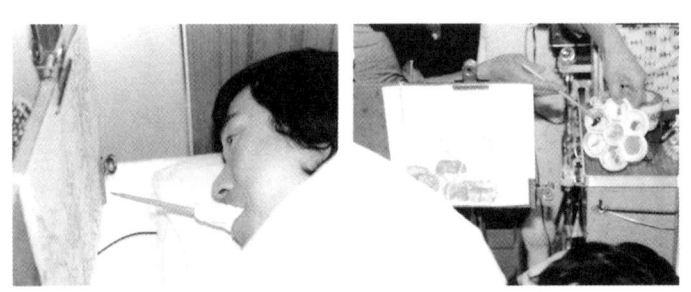

出所：『愛、深き淵より。』

図表4-5　群馬大学病院にて　1975年撮影

が3月30日で、4月8日が倉賀野中学校の始業式だった。新任の挨拶のときには、真っ黒に日焼けした顔で臨んだという。教育学部を卒業するものの、教育にはまったく無関心のまま卒業した。しかし新任ですぐに1年から3年までの体育の授業を受け持つこととなる。毎日がすがすがしくて新鮮で、ドキドキしながら教師生活が始まった。

　放課後、クラブ活動が終り、生徒の帰った静かな校庭を、しばしば短パン一つで走ったことを思い出すという。授業で疲労しているはずなのに、それでも走り足りないような気がしたという。星野富弘さんは、若さの塊のような数カ月の新任教師時代を疾風のごとく、走り過ぎていったのである。

(8) 初めての展覧会開催

　1979（昭和54）年の2月に、福祉事務所所長の久保田稔さんが、星野さんの展覧会の企画をもちかけた。この頃には、星野さんのスケッチブックも10冊をこえるようになっていた。たんに絵を紹介するだけでなく、久保田稔所長は星野さんの展覧会の絵に、短い文章を添えることを提案された。このことがきっかけとなって、それ以降の星野富弘さんの詩画のスタイルが確立されてゆくこととなる。その意味でも久保田さんの助言は星野さんの貴重な転機となっていたばかりか、現在の星野さんの在り方を決定づける助言であったことが理解できよう。1979（昭和54）年の5月15日から7月3日まで、60枚の絵が出品され、展覧会は大盛況でスタートした（**図表4-6**）。新聞社、テレビ局も取材に来る等、反響の大きさに星野さん本人が一番驚かれたという。この展覧会は大成功のうちに終った。『語りかけ帳』に記された感想を星野富弘さんは自伝のなかで6頁も割いて紹介されていることからも、よほど自分にとって意味のある経験であったと

出所：『試みの自画像』78頁

**図表4-6　初めての展覧会
久保田さんとともに**

推測される。そしてこの展覧会開催は、星野さんの見通すことのできない将来の人生に、たしかな手ごたえと勇気を与えてくれたのではないだろうか。

(9) 退院そして結婚

1979（昭和54）年9月14日、33歳のとき、9年間の入

出所：『試みの自画像』79頁
図表4-7　星野夫妻　結婚式

院を終え退院し、ついに家に帰れることになった。9年間もの長い入院生活に終止符が打たれたのである。退院後は、故郷に帰って創作活動を続け、1981年に自伝『愛、深き淵より。』が出版された。さらに、同年4月、星野富弘さん35歳のとき、病院にお見舞いに繰り返しきてくれた旧姓渡辺昌子さんと結婚（図表4-7）。その後の昌子さんは、お母様の代わりに文字通り、星野さんの手足となり、創作活動のみならず公私にわたる精神的・肉体的ケアを含めて、星野さんを陰で支えることとなり、星野富弘さんの世界はさらに広がり、雑誌や新聞に随筆や詩画を積極的に描き始める。

水彩画、ペン画に詩を添えた作品と、幼少期の体験や故郷での生活を中心とした随筆を織り交ぜた『花の詩画集』をはじめ、数々の著作が出版されている。また国内各地にとどまらず、ハワイやニューヨーク等でも「花の詩画展」を開催して、好評を博した。1991年には、故郷の群馬県勢多郡東村草木ダムのほとりに村立・富弘美術館が開館し、星野富弘さんの作品が常設されている。2002（平成14）年には入館者が400万人を超えるほどの高い評価を得ている。そこで古い美術館を建て替えるために、新富弘美術館建設国際設計競技を行ったところ、なんと世界54カ国から1211件の作品が集まったという。そのなかで最優秀賞に選ばれたのが、真っ赤な靴下を履いたヨコミゾマコトの作品であった。展示室も事務所もトイレまで円形をしているその新館は、旧館の隣に建てられ、2005年4月16日に新しい富弘美術館として開館している（図表4-8）。星野富弘さんの生

図表4-8　新富弘美術館（筆者撮影）

出所：『たった一度の人生だから』83頁
図表4-9　現在の星野夫妻

き方は、多くの人々に感動を与えるとともに、中学校の国語、道徳の教科書に随筆が掲載された。さらに2006年6月20日、群馬県名誉県民の称号を授与された。詩画はカレンダーや絵はがきになり、また詩は合唱曲やCDにもなって現在に至る。

　星野富弘さんは、頸髄損傷を負って以来、2007年に60歳の還暦を迎えられた現在も、首から下の自由はきかずに、毎日の車椅子生活を耐えておられる。妻の昌子さんとの文字通りの共同生活のなかで、あの心あたたまる詩画を継続的に、心を込めて制作されているのである（図表4-9）。しかし私たちが垣間見ることのできる星野富弘さんのイメージは、あたかも、白鳥が優雅に湖面を進んでいる姿に重なる。優雅な白鳥もまた、水のなかでは必死に水かきで推進力をつけて前に進んでいる現実を私たちは眼のあたりにできないように、星野富弘さんもまたあのすばらしいペン画や水彩画と洞察力の深い詩を生み出すために、その背後でどれほどの努力をされているかについて、余人の想像はおよぶものではない。しかも健康な人間でも締め切りに間に合わせるために大変な労力を必要とするのに、星野富弘さんの場合には、首から下の機能がすべて麻痺したなかでの過酷な創作活動を継続的に妻の昌子さんと二人三脚で実現されているのであるからなおお二人の精神的根気強さには敬服する。

第3節　人間教師・星野富弘さんから学ぶべきこと

1　真実の生き方や誠実な人間観や世界観をもつことを求められる教師

　「教育は人なりとはどういうことか？」　これは、しばしば教員採用試験の面接や小論文等で課せられる定番の出題問題である。では、なぜしばしば「教育は人なり」について、繰り返して教員採用試験で問われるかといえば、それはつまりこの題の核心に受験者が迫れば迫るほど、その受験者がどれほど教育に真剣に取り組んでいるかがわかるテーマを内包しているからである。この問いの核心に応えることができるためには、常日頃から、真実の生き方・誠実な人間観や世界観に関心を持ちつつ自らも実践していなければならないだろう。換言すれば、この問いにしっかりと応答できる者のみが、真正面から児童生徒を受けとめるこができ、一人の人間として関わってゆくことができると判断されるのである。昨今の錯綜する教育問題のほとんどは、こうした堅固な人間観・世界観をもっていなければ、けっして解決できず、そしてそれらの困難を乗り越えてゆくことはできない。その意味で、星野富弘さんの生き方をこの教師論の本質の箇所で紹介したのである。

　要は、どれほどの技術や専門知識があろうとも、子どもに対してどれだけ真剣に向かい合うことができるかが、教師の力量として一番求められている能力なのである。子どもたちに対してどれだけ人間としての魅力をぶつけることができるか、ということは、換言すれば、人生や自分自身にどれだけ真剣に毎日向かい合って生活しているかが問われているのである。つまり、毎日をどれだけ誠実に、しかも謙虚に生きているかを意識している人間だけが、教壇に立つことができるのである。これが教育学を若き日に学んだ私たち教職の先輩としての星野富弘さんの生き方・在り方を「教師論」で紹介する理由なのである。

2　星野富弘さんの生き方から何を「教師論」として学びえるのか？

　さて、私たちはこうした人生を過ごされてきた星野富弘さんの生き方から何を「教師論」として学びえるであろうか。それは困難な状況のなかでさえも生きる意味を見出す姿勢の大切さである。首から下が一切麻痺して動かすことができない状況のなかで、一人の人間として、一体何ができるというのか。とくに若い体育の先生だった一青年の将来にどのような希望が持てるというのであろうか。しかし星野富弘さんは死の道ではなく生きる道を選んだのである。自殺やいじめが頻発して日常的に起こるなかで、「生命の大切さ」が教育の世界では声高に叫ばれている。しかしどれほどのリアリティーを持って児童生徒に「生命の大切さ」を問いかける教育が実践されているだろうか。その意味でも、星野富弘さんの人生や生き方を紹介することを通じて、これから教師を目指す若者が「教師」として教壇に立つ際に、われわれの先輩として、しかも同時代をともに生きておられる「星野先生」の存在を思い起こしつつ、子どもたちに向かい合っていただきたいのである。

　星野富弘さんの自伝を熟読すれば、無私ともいえる母親の息子への愛情を見ることができる。さらに星野さんが悲劇的事故にあわれてから、星野富弘さんの事情を知り尽したうえでなお、結婚を決意された昌子さんとの出会いにおいては、本来的・人格的な異性との関わり、あるいは真の夫婦愛の本質について深く学ぶことができよう。さらに人間存在の有限性への気づきという点では、畏敬の念についての問いがなげかけられている。また友人との出会いと支えあい、闘病中の嫉妬等、まさに人生が凝縮された形で、彼の自伝が展開されている。筆者はそこに星野さんの人間的魅力を感じるのである。全体的テーマとしては「道徳教育」等で取り扱うことがより教育的効果を得られると筆者は考えており、この点については別の機会にさらに詳細に論じてみたいと思う。

〈参考・引用文献〉

富弘美術館編（2006）図録『試みの自画像』。
「百万人の福音」7月号（2007）いのちのことば社。
星野富弘（1992）『かぎりなくやさしい花々』偕成社。
─────（2001）『新版　愛、深き淵より。』立風書房。
星野富弘・日野原重明（2006）『たった一度の人生だから』いのちのことば社　フォレストブックス。
三浦綾子・星野富弘（2004）『銀色のあしあと』いのちのことば社　フォレストブックス。

第2部

教員の養成・採用・研修

第 1 章

教員養成と免許制度

　本章では教員養成制度と教員免許制度について、定められた法規と制度の内容を中心に概観する。教育に関連する法令の改正が進められる中で、教員養成課程や免許制度にも大幅な改革が加えられている。とりわけ昨今の改変では、教育実習期間の延長や介護等体験の実施など、実技的な課程が充実しており、養成課程の段階で実践的な指導力が重視され、採用当初から即戦力となりうるように技能の向上が図られてきた。その一方で、教育職員免許法に「教育の理念並びに教育に関する歴史及び思想」といった項目が設けられるなど、教職教養や教育論についても目が向けられており、実践が重視されるとはいえ、教育の理論が教職課程に必要な基底として捉えられているとあらためて確認される。

　免許制度では、履修単位数の増加や免許の有効年限の設定といった免許状基準の引き上げが企図されるが、他方で免許状を持たない者を教員として採用することを許す特別非常勤講師制度が制定されるという、二重の基準が許容されている現状も見られる。さらに免許更新制度の導入という、免許制度の大改革が図られている。

第1節　教員養成の現況

　教員養成に関する近年の議論としては、平成18（2006）年に中央教育審議会で提議された答申「今後の教員養成・免許制度の在り方について」（以下、18答申と略称）が挙げられる。同答申では、教員養成・免許制度

の改革を教員採用、現職研修などの改革とともに総合的に進める必要があるとしながらも、その他の改革の前提として、教員養成・免許制度の改革推進がとりわけ重視されている。そして教員養成の改革については、現在が「わが国の教員養成の大きな転換期」であるという認識の下、「大学の教職課程を、教員として最小限必要な資質能力を確実に身に付けさせるものに改革する」よう方向づけられている。

ここでいわれる、大学の教職課程で確実に身につけるべき「教員として最小限必要な資質能力」とはどのようなものであろうか。最小限必要な資質能力とは、平成9（1997）年に教育職員養成審議会が提出した「新たな時代に向けた教員養成の改善方策について」（以下、第一次答申）で示されるように、「養成段階で修得すべき最小限必要な資質能力」を意味する。また第一次答申では「採用当初から教科指導、生徒指導等の職務を著しい支障が生じることなく実践できる資質能力」が養成段階で修得すべき水準ともされている。

この第一次答申に始まり、平成10年の「修士課程を積極的に活用した教員養成のあり方について」（以下、第二次答申）、翌11年の「養成と採用・研修との連携の円滑化について」（以下、第三次答申）は18報告以前に提言された教員養成制度の改善策として、18報告の改善案の大前提となるものであるから、まずは第一次から第三次までの答申内容について順に確認したい。

1　教育職員養成審議会答申の要旨

第一次答申では、教員の職務に求められる具体的な資質能力が明記されており、それによると教員に求められる一般的な資質能力として、以下の六点が挙げられる。

① 教育者としての使命感
② 人間の成長・発達についての深い理解
③ 幼児・児童・生徒に対する教育的愛情
④ 教科等に関する専門的知識

⑤　広く豊かな教養
　⑥　これらを基盤とした実践的指導力
　そのうえでさらに第一次答申では、変化の激しい時代の中で子どもたちの「生きる力」を育むことができるように、現代の教員に対し次の新たな資質も求めている。
　①　地球や人類の在り方を自ら考え、幅広い視野を教育活動に積極的に生かす能力
　②　変化の時代を生きる社会人に必要な資質能力
　③　教職に直接関わる多様な資質能力
　以上のようにさまざまな資質能力が挙げられているが、すべての教員に一律にこれら多様な資質能力を高度に身に付けることを期待することは現実的ではないとされ、画一的な教員像を避け、生涯にわたり資質能力の向上を図るべき、ともされており、従来の画一的な教師像を避ける、という意図が読み込まれている。さらにこの第一次答申ではまた、大学の教職課程の果たすべき役割として、養成段階で修得すべき水準は、「採用当初から教科指導、生徒指導等の職務を著しい支障が生じることなく実践できる資質能力」を身に付けることにある、と記されるように、教師の理想像としての資質能力よりも、現場での教育実践に役立つ資質能力が第一に求められている。
　そこで大学の教職課程における教員養成段階では、とくに教授・指導される内容の核を「教職への志向と一体感の形成」、「教職に必要な知識及び技能の形成」「教科等に関する専門的知識及び技能の形成」という三つの観点に絞り、なかでも基礎的な知識や方法論の確実な修得が重視される。この三点はそれぞれ「心構え」「スキル」「専門性」と要約できるが、とりわけ基礎的知識、方法論の修得が重視されており、教師としてのスキルを磨く「教職教養」の徹底が養成段階において目標づけられている。それに基づき平成10年の教育職員免許法改正では、教員養成カリキュラムにいくつかの変更が加えられている。注目すべき点を以下に取り上げる。
　第一は「教科に関する科目」と「教職に関する科目」との比重の変更である。小・中・高校の「教科に関する科目」の単位数は半数以下に削減さ

れ、代わって「教職に関する科目」の単位数が増やされる。とくに中学教員免許での「教職に関する科目」の増加が顕著である。中学校での教育問題が主に生徒指導上の問題であるとの認識から、生徒指導にかかわる「教職に関する科目」の重点化が図られた。一方で「教科に関する科目」の単位数は、大学での専門教育科目で十分修得されているとの理解から縮小されている。

第二に「教職の意義等に関する科目」と「総合演習」とがカリキュラムに新設された。「教職の意義等に関する科目」に必要とされる内容は以下の事項である。

・教職の意義及び教員の役割
・教員の職務内容（研修、服務及び身分保障等を含む）
・進路選択に資する各種の機会の提供

「教職の意義等に関する科目」は答申中で「実践的指導力の基礎を強化する」ための改善策として挙げられていた（第一次答申当初の科目名は仮称で「教職への志向と一体感の形成に関する科目」）。免許改正に伴い職務内容について触れることが明記されるなど、教員養成に対し具体的・実践的な教職観の形成が求められている。

「総合演習」は「地球的視野に立って行動する能力を育てる」という見地で新設された科目であり、国際化、情報化、地球環境問題、少子・高齢化、福祉、家庭の在り方など、国家的・人類的規模の課題について子どもを指導できるよう、ディスカッションや実地調査などを通じ演習形式で行われる。この科目は2002年度以来実施されている「総合的学習の時間」に対応する目的で追加された。

第三に教育の方法及び技術に関する「情報機器の操作」や、カウンセリングの基礎知識を含めた「教育相談」が新たに必修事項として義務づけられた（**図表1-1 参照**）。

第四として中学校教育免許での「教育実習」期間の延長が挙げられるが、これについては次節に詳述する。また第一次答申に基づく免許法改正と同時期に、小・中学校教員免許を取得する上で介護等体験が義務づけられたが、これについても次節で詳述する。

第一次答申では以上のように、実践力の強化と時代の変化に対応する教員の養成が目指され、教員養成カリキュラムの全般的な見直しが図られた。一方、第二次答申は現職職員の資質向上を主要な目的とし、大学院修士課程での現職教員の再教育が推進されている。すなわち、第一次答申では教員免許状の取得課程としての教員養成が主題にすえられていたのに対し、第二次答申では修士課程を利用した、現職教員のスキルアップが論じられる。具体的な施策としては次の各点が注目される。
　①「修士課程への在学を容易にするための支援措置」
　　　現職教員が夜間や週末、長期休暇期間等を利用して、校務に従事しながら修士課程に在学する機会を拡充する。長期にわたる在学を支援するため勤務校での授業時間を軽減し、軽減した時間分に非常勤講師を配置するなどの措置を講じる。また現職教員がフルタイムで修士課程に在学できる機会を持てるよう、新たな休業制度も検討される。
　②「修士課程の改善等に関する措置」
　　　校務に復帰した現職教員との交流・連携や、現職職員の大学教員としての活用など、大学と教育現場との協力関係の維持・発展が図られる。再教育が教員自身や教育現場を益するのみならず、現場の教育実践が持ち込まれることで大学の教育研究も充実する。
　③「その他修士課程を活用した教員養成の改善のための施策」
　　　大学四年に付け加える形で二年の修士課程を用いた教員養成とするのではなく、初めから六年一貫を想定した養成教育も今後の検討課題とされ、案として挙げられる。また、「学部で教員養成教育を受けていない者で教職に意欲を持つものの大学院受け入れについても、各大学の判断により検討」とされ、さらなる専門性の獲得を見すえた弾力的な教職教育のあり方が考案されている。
　このように、第二次答申に見られる現職教員の再教育を中核にすえた教員養成改革は、生涯教育・学習や社会教育の一環としてかねてより考察されていたが、実際に教員養成に関わって広く論じられ、方針が定められたのは同答申によってである。

図表 1-1　教育職員免許法施行規則第六条

第一欄		最低修得単位数						
		第二欄			第三欄		第四欄	
教職に関する科目		教職の意義等に関する科目			教育の基礎理論に関する科目		教育課程及び指導法に関する科目	
右項の各科目に含めることが必要な事項		教職の意義及び教員の役割	教員の職務内容（研修、服務及び身分保障等を含む。）	進路選択に資する各種の機会の提供等	教育の理念並びに教育に関する歴史及び思想	幼児、児童及び生徒の心身の発達及び学習の過程（障害のある幼児、児童及び生徒の心身の発達及び学習の過程を含む。）	教育に関する社会的、制度的又は経営的事項	教育課程の意義及び編成の方法	各教科の指導法	道徳の指導法
小学校教諭	専修免許状	2			6			22		
	一種免許状	2			6			22		
	二種免許状	2			4			14		
中学校教諭	専修免許状	2			6(5)			12(6)		
	一種免許状	2			6(5)			12(6)		
	二種免許状	2			4(3)			4(3)		
高等学校教諭	専修免許状	2			6(4)			6(4)		
	一種免許状	2			6(4)			6(4)		
幼稚園教諭	専修免許状	2			6					
	一種免許状	2			6					
	二種免許状	2			4					

第1章 教員養成と免許制度

最　　低　　修　　得　　単　　位　　数											第五欄	第六欄
第　　　　四　　　　欄											総合演習	教育実習
教育課程及び指導法に関する科目					生徒指導、教育相談及び進路指導等に関する科目						
特別活動の指導法	教育の方法及び技術（情報機器及び教材の活用を含む。）	教育課程の意義及び編成の方法	保育内容の指導法	教育の方法及び技術（情報機器及び教材の活用を含む。）	生徒指導の理論及び方法	教育相談（カウンセリングに関する基礎的な知識を含む。）の理論及び方法	進路指導の理論及び方法	幼児理解の理論及び方法	教育相談（カウンセリングに関する基礎的な知識を含む。）の理論及び方法		
					4					2	5
					4					2	5
					4					2	5
12(6)					4(2)					2	5(3)
12(6)					4(2)					2	5(3)
4(3)					4(2)					2	5(3)
6(4)					4(2)					2	3(2)
6(4)					4(2)					2	3(2)
			18					2		2	5
			18					2		2	5
			12					2		2	5

出所：姉崎洋一他編『解説・教育六法　平成19年版』691頁

第三次答申は「養成と採用・研修との連携の円滑化について」という題目が示すように、教員養成と教員採用、および初任者研修や職務研修といった現職教員の研修制度との連携が課題とされている。教員養成に関わる連携では、教員養成カリキュラムを現場のニーズに応じたものとするため、大学・教育委員会・学校間で協議を行ったり、現職教員を大学教員として受け入れるなどの方法が取られる。

2　教員養成改革の現況

　中央教育審議会の 18 答申の教員養成改革案は、これら三度の答申の内容を踏襲したうえでさらに改革を推進したものとなっている。改革の方策のうち、教員養成に関わる施策は「教職課程の質的水準の向上」と「教職大学院制度の創設」に代表される。

　「教職課程の質的水準の向上」ではその目玉として、大学での教職課程における履修科目に「教職実践演習」を新設し、必修化することが提言されている。他の教職履修科目をすでに履修済み、あるいは履修見込みの学生を対象に行われる、役割演技（ロールプレイング）、グループ討議、事例研究や模擬授業などの、実践的内容を中心とした科目である。また「質的水準の向上」のため、教育実習には「事前に学生の能力や適性、意欲等を適切に確認することが必要。教育実習に出さないという対応や、実習の中止も含め、適切な対応に努めることが必要」とされ、ともすれば出席すればそれでよし、とされる教職履修科目のあり方を適切な指導・評価に改めるなど、「職務を著しい支障が生じることなく実践できる資質能力」をもった人材を育成するべく教職課程の厳格化が提起される。さらに教職指導の充実に各大学が努めるよう求められ、教職指導の実施は法的にも明確化している。

　「教職大学院制度」では第二次答申に挙げられた修士課程の利用を一歩進め、「教員養成に特化した専門職大学院」の創設が提言される。教職大学院の基本方針は、教職に求められる高度な専門性の育成、「理論と実践の融合」の実現などである。その目的は「新たな学校づくりの有力な一

員となり得る新人教員の養成」と「確かな指導理論と優れた実践力・応用力を備えたスクールリーダー（中核的中堅教員）」の育成とされているが、端的には「学校における幹部候補の育成」に主眼が置かれていると考えられる。

　教職に就く以前に実践的な演習等を通じ指導力を築く、あるいは教員への適性・意欲等に問題のある学生を教育実習に出さない、といった改革の方向づけは、教職教養の一方的な教授に終始したり、学力などで学生を一面的に評価しがちな教職課程科目に対する批判として正当性を持つ。だが一方で、改革の手順に関しては疑問が残る。実践的な教職教育の最たるものである教育実習の期間延長が始まったのは2000年度の入学生以降である。実質的に2000年度の入学生が教育実習を経験し、教育現場に立つのは2004年以降になるが、18答申の中間報告である、中央教育審議会の提言が平成17（2005）年に行われていることを考えるならば、審議会は自らが行った教員養成制度の改革がどのような側面でどの程度に効果を発揮しているか、果たして問題点はないのかを実際に調査し正当に判断した結果、新たな必要に迫られて現行の改革案を提示したとは考え難い。教職課程のあり方に対する批判は的を射ているにせよ、教員養成改革が学生の負担を過度に増大させたり実習校の負担となったりしては、本来目指されるべき教職課程の質的水準はかえって低下する危険があり、またトータルで見たとき学校教育を益する意義が損なわれかねない。

　「教員をめぐる状況の変化」は確かに大きなものであろうし、学校教育・教員に対する信頼が失われつつあり、現に失われていると見える状況は存在する。そのために早急な改革を必要とするのはわかるが、改革を実行したら万事良しではなく、その改革がどのような影響を与えたかを精査することはより重要であろう。本来そうした改革の反省こそが次の改革を方向付ける指針となるべきである。

　さらにいえば、教育のなかには「変化するもの」と「変化せざるもの」、すなわち「普遍」と「特殊」がある。現状という変わりゆく時代を反映した特殊的事象に対して改革は有効であろうが、一方で教育における「変わらないもの」を追及する本質論、すなわち教育の普遍的目的を吟味し、そ

れを守ることへの意志があって初めて改革に意義がもたらされるに違いない。さもなければ立て続けの改革は拙速に過ぎるといえよう。

なお、平成 19 年 6 月 20 日に「教育職員免許法」が改正され、18 答申に基づく新たな免許法が成立している。

第 2 節　教育実習と介護等の体験

前節で触れたように、現在の教育実習の規定および介護等体験実施の法制化は、第一次答申と同時期に決定されたが、この二つはそれぞれ異なる過程を経て成立している。

現行の教育実習の規定は、平成 9 年の教育職員養成審議会答申「新たな時代に向けた教員養成の改善方策について」(第一次答申) に基づき 1998 年に教育職員免許法が改正されたことで成立している。2000 年度の大学入学生より中学校の「教育実習」の履修単位数が 3 単位から 5 単位に増やされ、期間も従来の 2 週間から 4 週間に延長されている。

一方の介護等体験実施は、故・田中角栄元首相の娘である田中真紀子衆議院議員が父への介護体験をもとに提案した、議員立法「小学校及び中学校の教諭の普通免許状授与に係る教育職員免許法の特例等に関する法律」(以下、介護特例法) の公布によって、1998 年度の大学入学生より小中学校の教員免許状取得に際して介護等体験の実施が義務づけられている。いずれも教育職員免許法の改正により法制化されているが、審議会答申を経て着実に改正された教育実習延長に比べ、議員立法として特例的に定められた介護等体験実施は唐突に議決された観があり、実施当初は現場に混乱を生じさせることとなったが、現在ではすでに認知され、教職課程の一部に落ち着いている。

1　教育実習の意義

教育実習の意義としては、次の諸点が挙げられる。

① 直ちに教育実践の場において生かすことのできる能力を錬磨すること
② 見習的経験活動をとおして指導技術を修得すること
③ なまの児童生徒に接触することによって教育実践の意欲と情熱を喚起し、教師となる基盤を形成すること

「経験活動」や「実践」という言葉に表されるように、教育実習では大学での講義・演習だけでは学べない、教育現場の実際、教育指導の現実を体験できるところにその意義は認められる。

佐藤晴雄（2006）は教育実習の意義を、より具体的に四つの観点に分類したうえでそれぞれの意義を次のように分析している。

① **児童生徒の実際的理解の機会になること**
　　教職課程に学ぶ多くの学生は、児童生徒との接触がないため、児童生徒の発達や心理、考え方などを抽象的には理解できても実感として的確に理解する機会がない。それが、実習中は、児童生徒と直接触れ合いながら彼らを肌で理解することができる。

② **学校環境や教師の職務を体験できること**
　　学生はこれまで児童生徒として学校生活を体験してきたが、実習では教師の視点から学校を理解する立場に置かれる。児童生徒時代には何気なく見つめていた教師の行動や仕事、学校環境を実習を通して改めて理解しなおすことができる。この体験で教師の魅力と苦労も実感することになる。その意味で教育実習は教師になるための実地入門になる。

③ **教育指導の体験が得られる機会になること**
　　日々の実習活動を通じて授業や学級経営、児童生徒指導を実際に行う機会となり、教師としての資質や能力を磨くきっかけとなる。実習中は、授業を体験し、板書や発問の仕方などを学び、研究授業を行うことになる。

④ **教育研究の深化が図られること**
　　実習は教師になるための準備という側面を持つと同時に、大学の講義や演習で学んでいる教育研究を実地で検証しながらその深化を図

る機会になる。

　佐藤もまた教育指導・学校環境の「体験」に教育実習の意義を指摘し、「教師の視点から学校を理解する立場」におかれること、教育研究の実地検証、板書や発問といった授業方法、学級経営や児童生徒指導などといった具体的な体験内容を、教育実習の積極的意義が見出される場面として列挙している。さらに佐藤は以上の分類に加えて、教育実習の「消極的意義」も指摘している。

　すなわち、自らの教職への適性を実地経験によって確かめる機会として教育実習を捉えた場合、自らの適性を確認して教職に不向きであると実感した場合は進路を教職から切り替えられる点が「消極的意義」として挙げられる。この「消極的意義」が大きく取り上げられることは少ないが、実際には教育実習の有する重要な意義である。

　ただ教育実習は、年間を通して教育活動を計画し、それに従事する実際の教員の仕事に比べるときわめて短い期間であり、実際の教職の一部を見るだけにとどまるのが現実である。実習生に対する物珍しさや、自分たちと年の近い学生に親近感をいだいて児童生徒が接することなどから、実際の教員となって児童生徒に対する場合に比べて良い反応を得、あるいはいまだ未熟が許される実習生として責任の薄い立場の気楽さから、教職の魅力だけを吸収して自らの至らなさや教職の苦労、現実の課題に触れることなく終ってしまうこともしばしばある。そのようなことを考えると、教育実習期間の延長によって、少しでも普段の学校実態に近づいた状態を垣間見る可能性が増加し、教職の生の体験に接近することには大きな意義があると考えられる。

2　教育実習の内容・方法

　教育実習の単位数は教育職員免許法施行規則により、事前および事後指導の1単位を含めて、幼稚園・小学校・中学校教諭の普通免許状の場合5単位、高等学校教諭の場合3単位の履修単位数が求められる。また、実習

期間は幼稚園・小学校・中学校では4週間、高校では2週間と定められている。また、小学校および中学校教諭の普通免許状取得に際しては、介護等体験の実施が義務づけられている。介護等体験とは「障害者、高齢者に対する介護、介助、これらの者との交流等の体験」のことであり、その期間は7日間と定められている。

教育実習の内容は「観察」「参加」「実習（実地指導）」の三区分で考えられる。

「観察」は学校現場という環境に身を置き、実際に繰り広げられる活動や教育場面を見てとることで、「参加」や「実習」といった積極的な関わりに入る前に、そこでの教育的作用を臨床的に理解する機会である。観察ではただ学校の様子を漫然と見てまわるだけでなく、自らが教師として実際に関わりを持つ場合にどのようにコミットすればよいかを常に考察しながら、児童生徒を中心に学校や学級内部の様子を読み取っていく必要がある。「観察」の対象となる観点には当然「指導方法・技術」や「授業中の児童生徒の反応」などの授業の進行に関わる対処が含まれており、そこに注目がなされがちであるが、それ以外の「休み時間・放課後の児童生徒の過ごし方」「生徒指導の様子」「さまざまな学級事務の処理方法」「クラブ活動、児童生徒会活動、学校行事の様子」といった授業外の諸観点にも十分に配慮しなければならない。たとえば「休み時間」といっても、教育実習生にとっては児童生徒の授業外での素顔を見られる貴重な時間であることはいうまでもない。授業中だけでなく、さまざまな時間に観察の目を向けて、学校教育を総体的に知る必要がある。

「参加」は、実習生が学校での諸活動に加わり、活動に協力することで主体的に教育内容を理解する過程である。職員会議・校内行事への参加、学級での学習指導への参加、給食時間の児童生徒との同席、クラブ活動、委員会活動、教材準備等の手伝いなどが例として挙げられる。実際に教壇に立つ以前に「実習」の方法・技術を見習う機会として、「実習」へとつながる重要な学習の機会である。

「実習（実地指導）」は、実習生が実際に授業や学級経営を行い児童生徒を直接指導する、狭義の教育実習活動である。教壇に立って指導に当たる

ことで授業の実際を体験し、自らの授業方法や技術を試み、計画通りに行えたか否か、計画の不備はなかったか、さらに改良の余地はないか、といった実践を振り返ることで、教えている自己を観察して反省し、続く教育実践に生かすという手順がとられる。

3　教育実習の心得

　中学校の教育実習期間が延長され、実習生が学校現場をより深く知ることができるようになった反面、視野に入れられなければならないのは、教育実習の受け入れ先となる実習校側からの見解である。1970年代には「教育実習公害」と称され、教育実習が実習校に引き起こす混乱が指摘されたこともあった。単純に教育実習期間が延びる点だけをとっても、いまだ教職課程段階の実習生が長く授業を担当することで児童生徒の学習進度が滞ったり、指導教員をはじめとする実習校の教職員に負担が増えるなどといった状況が生まれ、デメリットが生じていると見られるのは、いたし方ない。
　そのため少しでも実習校に迷惑がかからないよう、大学の教職課程において教育実習を見すえた十分な指導がなされ、また「教育実習の履修に際して満たすべき到達目標をより明確にするとともに、事前に学生の能力や適性、意欲等を適切に確認することが必要」であって、学生がいまだ到達目標に達していない場合「教育実習に出さないという対応や、実習の中止を含め、適切な対応に努めることが必要」（平成18年中教審答申）といわれるように、大学側は各々の学生に対し教育実習への参加が可能か綿密に精査し、もし実習校に迷惑がかかる場合には実習の中止など、厳格な対処も辞さない心構えで責任を持って教育実習に送り出す必要があろう。
　また各実習生は、言葉遣いや服装、態度に気を配り、実習校の教員としてふさわしい存在としてあるよう心がける必要がある。実習期間中の行動が自らの属する大学に対する実習校側の信頼、そして実習校自体の信頼を損ねることのないよう、校内だけでなく校外での行動にも十分配慮し、慎みを持たなければならない。そして、実習生は教員の「見習い」であって、

教職員の指示に必ず従う義務があることも忘れてはならない。実習校に負担をかけながらも教員になるために実習を行わせて頂いているという意識を持ち、言動に気をつけ、現場の教職員から教員としてのあり方を学ぼうという真摯な姿勢で臨むことが重要である。

第3節　教育職員免許状の取得条件と免許制度改革

　第二次世界大戦後の教育改革によって教員養成制度の新たな基準が設けられ、1949年に教育職員免許法が公布された。教育職員免許法はその成立以降に何度も改定されながら、教員の資格を証する根本的な規定として現在に至っている。この教育職員免許法に従い、教育職員の資格を満たすものとして教育職員免許状があり、原則として学校教育法第一条に記される学校（いわゆる一条校）のうち、大学・高等専門学校を除く学校の教育職員は各学校に相当の免許状を所持することが定められている。これを教育職員資格の「免許状主義」と称する。免許状によって教育職員の資格を保証することで、教員の資質能力の維持・向上を目的としている。

1　免許状の種類と授与の資格要件

　教育職員免許状には普通免許状・特別免許状・臨時免許状があり、普通免許状はさらに専修・一種・二種という三つのグレードに区分がなされている（高等学校教諭の免許状は、専修と一種）。各免許状授与の基礎資格は専修免許が修士の学位を有すること、一種が学士の学位を有すること、二種が短期大学士の称号を有すること、とそれぞれ定められている。また普通免許状は、教諭および養護教諭の免許状、特別免許状は教諭の免許状、臨時免許状は助教諭および養護助教諭免許状に種別されている。さらに中学校・高等学校の教員の普通免許状および臨時免許状では、各教科別に免許状が授与される。

　普通免許状は所要の基礎資格（グレードに応じた学位など。**図表 1-2**

参照）を有し、さらに大学等で教科、教職に関する専門科目について所定の単位を修得した者、または教育職員検定に合格した者に授与され、取得した免許状はすべての都道府県で有効である。

　特別免許状は教育職員検定に合格した者に授与される。教育職員検定は、担当する教科に関する専門的な知識・経験または技能を有し、さらに社会的信望があり、かつ教員の職務を行うのに必要な熱意・識見を有する人物について、その人物を任命し、または雇用しようとする者が推薦する。教育職員検定は受検者の人物、学力、実務および体力について、授与権者（＝免許状を授与する権利を持つ者。教育職員免許状の授与権者は免許の種類に関係なく、すべて都道府県教育委員会である）によって行われる。なお特別免許状はその免許状を授与した都道府県においてのみ有効であり、また特別免許状から普通免許状への上進制度も創設されている。

　臨時免許状は普通免許状を有するものを採用できない場合に限り、教育職員検定に合格した者に授与され、授与したときから3年間、その免許状を授与した都道府県においてのみ有効である。

　教員免許状を取得する条件については以上のとおりであるが、次のような欠格条件が存在し、それに該当する者には免許状が授与されない。

① 十八歳未満の者
② 高等学校を卒業しない者。ただし、文部科学大臣において高等学校を卒業した者と同等以上の資格を有すると認めた者を除く
③ 青年被後見人または被保佐人［財産管理や判断の同意等にたずさわる、法的な保護者を必要とする者］
④ 禁錮以上の刑に処せられた者
⑤ 免許状がその効力を失い、失効の日から三年を経過しない者
⑥ 免許状取り上げの処分を受け、処分の日から三年を経過しない者
⑦ 日本国憲法施行の日以後において、日本国憲法またはその下に成立した政府を暴力で破壊することを主張する政党その他の団体を結成し、またはこれに加入した者

図表1-2　教育職員免許法　別表第1（第5条、第5条の2関係）

第一欄 所要資格 / 免許状の種類		第二欄 基礎資格	第三欄 大学において修得することを必要とする最低単位数			
			教科に関する科目	教職に関する科目	教科又は教職に関する科目	特別支援教育に関する科目
小学校教諭	専修免許状	修士の学位を有すること。	8	41	34	
	一種免許状	学士の学位を有すること。	8	41	10	
	二種免許状	短期大学士の学位を有すること。	4	31	2	
中学校教諭	専修免許状	修士の学位を有すること。	20	31	32	
	一種免許状	学士の学位を有すること。	20	31	8	
	二種免許状	短期大学士の学位を有すること。	10	21	4	
高等学校教諭	専修免許状	修士の学位を有すること。	20	23	40	
	一種免許状	学士の学位を有すること。	20	23	16	
特別支援学校教諭	専修免許状	修士の学位を有すること及び小学校、中学校、高等学校又は幼稚園の教諭の普通免許状を有すること。				50
	一種免許状	学士の学位を有すること及び小学校、中学校、高等学校又は幼稚園の教諭の普通免許状を有すること。				26
	二種免許状	小学校、中学校、高等学校又は幼稚園の教諭の普通免許状を有すること。				16
幼稚園教諭	専修免許状	修士の学位を有すること。	6	35	34	
	一種免許状	学士の学位を有すること。	6	35	10	
	二種免許状	短期大学士の学位を有すること。	4	27		

図表1-3　教育職員免許法　別表第2（第5条関係）

第一欄 免許状の種類 / 所要資格		第二欄 基礎資格	第三欄 大学又は文部科学大臣の指定する養護教諭養成機関において修得することを必要とする最低単位数		
			養護に関する科目	教職に関する科目	養護又は教職に関する科目
養護教諭	専修免許状	修士の学位を有すること。	28	21	31
	一種免許状	イ　学士の学位を有すること。	28	21	7
		ロ　保健師助産師看護師法第七条第一項の規定により保健師の免許を受け、文部科学大臣の指定する養護教諭養成機関に半年以上在学すること。	4	8	
		ハ　保健師助産師看護師法第七条第三項の規定により看護師の免許を受け、文部科学大臣の指定する養護教諭養成機関に一年以上在学すること。	12	10	
	二種免許状	イ　短期大学士の学位を有すること又は文部科学大臣の指定する養護教諭養成機関を卒業すること。	24	14	4
		ロ　保健師助産師看護師法第七条の規定により保健師の免許を受けていること。			
		ハ　保健師助産師看護師法第五十一条第一項の規定に該当すること又は同条第三項の規定により免許を受けていること。			

図表1-4　教職員免許法　別表第2の2（第5条関係）

第一欄 免許状の種類 / 所要資格		第二欄 基礎資格	第三欄 大学において修得することを必要とする最低単位数		
			栄養に係る教育に関する科目	教職に関する科目	栄養に係る教育又は教職に関する科目
栄養教諭	専修免許状	修士の学位を有すること及び栄養士法第二条第三項の規定により管理栄養士の免許を受けていること。	4	18	24
	一種免許状	学士の学位を有すること、かつ、栄養士法第二条第三項の規定により管理栄養士の免許を受けていること又は同法第五条の三第四号の規定により指定された管理栄養士養成施設の課程を修了し、同法第二条第一項の規定により栄養士の免許を受けていること。	4	18	
	二種免許状	短期大学士の学位を有すること及び栄養士法第二条第一項の規定により栄養士の免許を受けていること。	2	12	

2　教員免許制度改革の動向

　日本の教員制度は前述のように、教育職員の資質を免許状によって保証するという「免許状主義」を採っているが、その一方で近年では教育職員免許法の改正により、相当する免許状を要しない非常勤の講師（特別非常勤講師）を任命・雇用することが可能となり（平成10年）、また学校教育法施行規則の改正によって免許状によらない校長（いわゆる民間人校長）の任用が可能となる（平成12年）、といった特例も存在する。

　これらは教員免許制度改革の新たなあり方の一つとされる「教員免許状の弾力化」の一環として、社会人の活用を促進する目的で盛り込まれているが、他方でそれは教育職員免許法がよって立つ「免許状主義」の根幹を掘り崩すことにもなる。さらには教育職員に最小限必要な資質能力を修得させ、あるいはそれを保証するため、教諭の普通免許状の基準を引き上げるという教員養成・教員免許制度の改革の方向性と相対立するのではないか、とも懸念される。

　さらに現在、教員免許制度改革の最大の焦点として検討されているのは、「教員免許更新制」の導入である。現行の制度では、教員免許状は一度授与されると取り上げや失効処分を受けない限り終身有効となっているが、免許更新制が導入されることによって現に教員免許を有する者も含め、すべての教員免許の有効期限が一律に10年（ただし臨時免許状は従来から有効期限が定められているので、現行のまま授与から3年）となり、免許の取得以後10年ごとの免許更新が必要となる。

　中央教育審議会の答申「今後の教員養成・免許制度の在り方について」（平成18年）によると、免許更新制は次のような必要性および意義があるという。

　　・教員としての必要な資質能力は、本来的に、時代の進展に応じて更新が図られるべき性格を有しており、教員免許制度を恒常的に変化する教員として必要な資質能力を担保する制度として、再検討することが必要とされる。

・教員免許状に一定の有効期限を付し、その時々で求められる教員として必要な資質能力が保持されるよう、必要な刷新（リニューアル）を行うことが必要であり、このため、教員免許更新制の導入が必要である。
・更新制導入の意義は、すべての教員が必要な資質能力を確実に修得することであり、公教育の改善・充実と信頼の確立が図られる。また、専門性向上の促進も期待される。

また、更新制の基本的性格は次のように記される。
・更新制は、いわゆる不適格教員の排除を直接の目的とするものではなく、教員が、更新後の10年間を保証された状態で、自信と誇りを持って教壇に立ち、社会の尊敬と信頼を得ていくという前向きな制度である。
・免許更新講習の受講により、教員としての専門性の向上も期待される。また、講習を終了できない者は、免許状は失効するため、問題のある者は教壇に立つことがないようにするという効果がある。
・更新制を導入し、専門性の向上や適格性の確保に関わる他の教員政策と一体的に推進することは、教員全体の資質能力の向上に寄与するとともに、教員に対する信頼を確立する上で、大きな意義がある。

免許更新講習に関する具体的なあり方を見ていくと、教員に関しては有効期限の満了に至るまでの二年間程度の間に、最低30時間程度の講習時間が見込まれる。講習内容は講義だけでなく、事例研究や場面指導、グループ討議のほか、指導案の作成や模擬授業などを取り入れて行うことが必要とされる。

この更新講習の意義は時代の進展に応じた教員の資質能力の刷新におかれているので、原則的にまず現場に立つ現職の教員（非常勤講師も含む）が受講の対象者とされる。一方で免許状は持っているが実際に教職には就いていない、いわゆるペーパーティーチャーにも免許更新は関わってくるが、これに関しては10年が経過すれば自動的に免許が剥奪されるという

のではなく、実際に教員になる時点で講習を受ければよい、とされている。すなわち、現職教員ではなく免許授与から 10 年が経った者は、免許授与時の基礎資格や大学で修得した教職課程の所要単位を否定されてしまうのではなく、更新免許講習と同様の講習（回復講習と呼称される）を受講・修了すれば免許状の再授与が可能である。

また、教員としての研修実績や勤務実績等が講習に代わるものと評価される場合には、受講の一部あるいは全部が免除される。

以上のような理念と方針のもとに教員免許更新制の導入が企図されているわけであるが、免許更新制を現実のものとするに当たっては、解決されなければならない課題や説明されるべき疑問がいくつか想定される。

① 免許更新制度の導入直後に生じる事態として、その時点ですでに免許取得後 10 年を迎えている現職教員が多数いるため、講習の対象者が相当数に上ることはいうまでもない。これについては制度導入後の一定期間内に対象者それぞれの希望を踏まえて受講時期を指定するなど、円滑に講習を受講できるような方策が検討されているが、講習を行う側もはじめての実施であるから、教員側の希望と定員のずれが生じるといった混乱が生じかねない。

② 都市部と地方とで受講機会の格差などの問題も生じかねないが、そのような事態への対処としては遠隔講習等の導入が提案されている。しかしそうすれば今度は遠隔講習と一般の講習との間で格差が生じないか、といった疑問も浮かぶ。

③ 更新制は「不適格教員の排除を直接の目的とするものではない」というが、その一方で「講習を修了できない者は、免許状は失効するため、問題のある者は教壇に立つことがないようにするという効果」があるとされる。「問題のある者」と「不適格教員」とに言葉づかい以上の差があるとは認めがたく、両意見は矛盾していると考えざるをえない。

④ 更新時の失効処分はどの程度実行可能なのか。現職教員の免許状を失効に処するとなるとそれは公務員としての資格を失うことである

から失職を意味し、十分な資質能力を有するか疑わしい場合にも現職であれば容易には落第させがたい、というジレンマを評価者に与えかねない。また一度「講習を修了できない」と認定され、回復講習で再授与された教員を受け入れるに当たって、児童生徒やその家族、同僚の教員からその資質能力に不信が持たれ、結果として「教員に対する揺るぎない信頼」は瓦解する事態が生じないか。
⑤　将来的には10年ごとの免許更新制と10年経験者研修とが同時期に当たる教員も出てくるが、教員にとっての負担が増すばかりでなく、資質能力の刷新を考えるならば時期が重複しては意義が少ないのではないか。

　これらの疑問は悲観的な想像であり、杞憂に終るかもしれない。だが、教員免許制度更新制という大改革をもたらさなくとも教員の資質能力を刷新するという目的は、現職教員研修や初任者研修の充実という方策で果たせるのではないだろうか。教員免許状取得後10年と現職教員として在職10年という違いはあるものの、教員免許更新制度と10年経験者研修は同じだけの期間を経て行われる。文部科学省の説明によれば10年経験者研修は各教員の得意分野作り、専門性を高めることに主眼があり、それに対して免許更新制はすべての教員が対象となり、修了検定も設ける点で目的が異なる、という。それでも初任者研修や経験者研修などの現職教員研修に大学等の教員養成機関の利用を広げ、修了検定も視野に入れてより充実した研修を行えば、免許更新制を持ち出さなくても状況を改善できるではないか、という疑問が残る。
　すでに平成11年の教育職員養成審議会の答申「養成と採用・研修との連携の円滑化について」では、初任者研修・教職経験者研修等の見直しが検討されている。この方針をさらに推し進めることで資質能力の更新は十分に可能ではないか。免許状の再授与等に伴い、誤った失効などの不備や混乱が生じないことが切に願われる。
　免許状更新制度の導入に当たっては、中央教育審議会の答申「今後の教員養成・免許制度の在り方について」（平成18年）のなかで、教員の現実

を反映した次のような指摘もなされていることには注意が払われるべきである。

「定期講習の受講に当たっては、今でも多忙感を抱いたり、ストレスを感じる者が少なくないと指摘される教員に対して、いたずらに負担を課さないよう配慮することが必要である。」

このような現状理解を受けての配慮が、具体的な施策のなかで忘れられることなく生かされ、免許状更新制度は真に児童生徒および教員自身に資する、有意義な教育制度改正となるだろうか。今後の改革の動向とその影響が注目される。

〈参考・引用文献〉

姉崎洋一他編（2007）『解説教育六法　平成19年版』三省堂。
窪田眞二・小川友次（2006）『平成19年版　教育法規便覧』学陽書房。
小島弘道・北神正行・平井貴美代（2002）『教師の条件　授業と学校をつくる力』学文社。
佐藤晴雄（2006）『教職概論――教師を目指す人のために［第一次改訂版］』学陽書房。
中谷彪・浪本勝年編著（2001）『現代の教師を考える』北樹出版。
細谷俊夫・奥田真丈・河野重男編（1979）『教育学大事典』第一法規出版。
宮崎和夫編著（2000）『教職論――教員を志すすべてのひとへ』ミネルヴァ書房。
森下恭光編著（2003）『教師論――教職とその背景』明星大学出版部。
谷田貝公昭・林邦雄・成田國英編（2002）『教師論』一藝社。
米山弘編著（2001）『教師論』玉川大学出版。

第2章

教員の採用と研修

　本章では教員採用や教員研修のあり方について、その現状を中心に解説する。近年の傾向として、教員採用試験の方法は多様化し、教員研修もその種類が増加、内容の充実が図られている。このような流れが生じている背景には、いずれも教育改革を推進する上での議論が認められる。

　公立学校教員の採用は、教員としての資質能力を評価する「選考」によっているが、近年の教育改革で採り上げられている論点のひとつは、教員に求められる資質能力の見直しである。見直しの要点とされるのは教員の資質としての「広い視野」と「多様な能力」であって、画一的に縛られない新たな教員像が求められており、教員採用においてもその改革方針を反映して多面的な人物評価を導入するという方向が示される。教員研修に関しても、教員に求められる資質能力が生涯にわたり向上していくもの、という認識に基づいて、その向上を助成するために研修カリキュラムや実施時期の柔軟化といった見直しが図られている。

第1節　教員の採用

1　教員採用の方法

　前章で確認したように、教員免許状は「教育職員の資格を保証するもの」であるが、免許状の取得がそのまま教員としての就職を可能とするわけではなく、教職に就くに当たっては採用試験などの採用制度が課されている。

教員採用の方法は公立学校と私立学校で異なっており、また教諭と臨時教員で異なっている（**図表 2-1 参照**）が、ここからは公立学校教諭の採用を中心に、教員採用のしくみについて確認する。

合格までのロードマップ

自治体によってちがいがあるが、概ね以下のような経過を経て選考が進められる。

5月　6月　7月　8月　9月

公立学校

大学・短大卒業見込み者（教員免許状取得見込み）

大学・短大既卒者（教員免許状所有）

他校種を志望する現職教員

臨時採用教員

通信教育で教員免許状を取得した人

教員資格認定試験で教員免許状を取得した人（小学校、特殊教育諸学校）

願書の提出（4月上旬〜6月下旬）
- Point：4月上旬〜6月下旬ごろに募集要項が配布され、4月上旬〜6月下旬ごろが受付時期になる。
- 提出書類：
  ① 願書（志願書）
  ② 自己PR文
  ③ 教員免許状の写し、または取得見込み証明書
  ④ 最終学校の卒業（修了）証明書、または卒業（修了）見込み証明書
  ⑤ 最終学校の学業成績証明書
  ⑥ 健康診断書
  ⑦ 写真、など

1次試験（7月上旬〜7月下旬）
- Point：試験日程は地域ブロック単位。試験日が重なる自治体の掛け持ち受験はできない。
- 試験内容：
  ① 筆記試験（教職教養、一般教養、専門教養、論作文など）
  ② 面接（集団面接が中心）
  ③ 実技（小学校の音楽・体育、中学校の音楽・美術・保体・家庭・英語などが中心。全員に運動能力テストを行うところもある）
  ④ 適性検査（クレペリン検査、YG検査、MMPIなど）

1次試験合格発表（7月上旬〜9月下旬）

2次試験（8月上旬〜9月下旬）
- Point：人物を見極める面接が中心。石川県は1次のみ、島根県、佐賀県、鹿児島県は3次まで。
- 試験内容：
  ① 筆記試験（論作文など）
  ② 面接（個人面接、集団討論、模擬授業など）
  ③ 実技
  ④ 適性検査

ほとんどの自治体が1次試験で採用予定者数の1.5〜3倍程度まで絞る。

1次試験不合格

私立学校

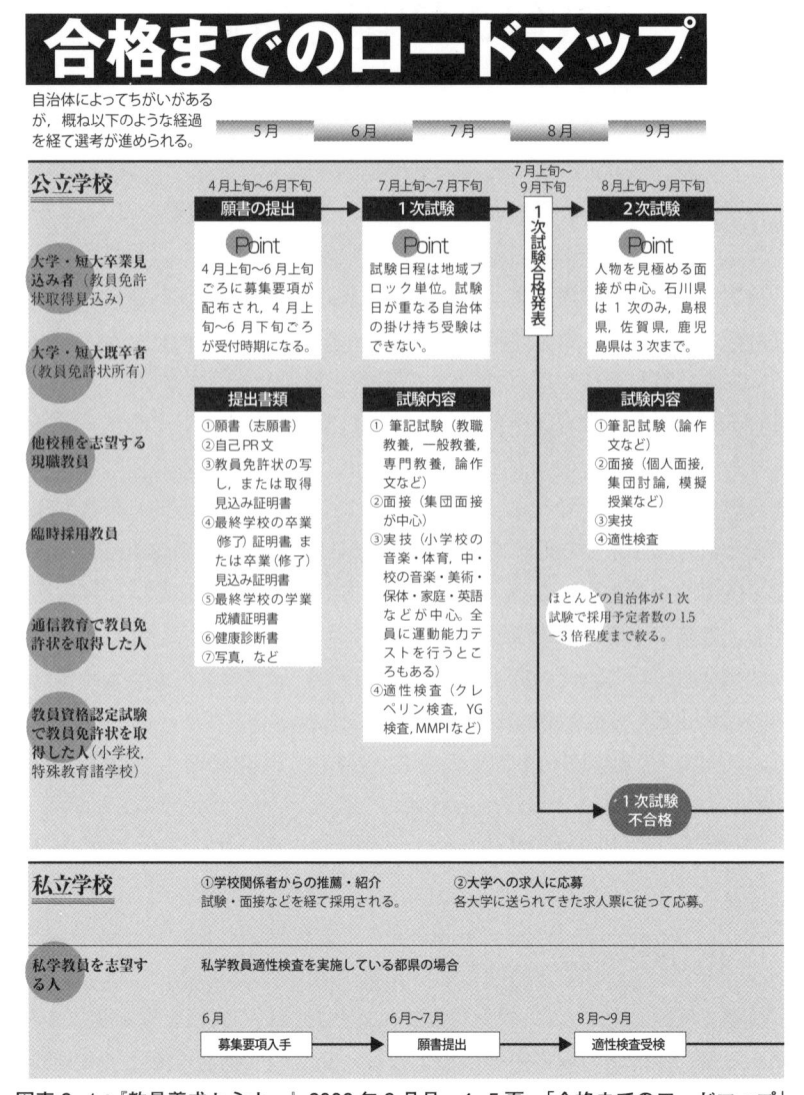

① 学校関係者からの推薦・紹介
試験・面接などを経て採用される。

② 大学への求人に応募
各大学に送られてきた求人票に従って応募。

私学教員を志望する人

私学教員適性検査を実施している都県の場合
- 6月：募集要項入手
- 6月〜7月：願書提出
- 8月〜9月：適性検査受検

図表 2-1：『教員養成セミナー』2006 年 9 月号、4-5 頁、「合格までのロードマップ」

公立学校教員は地方公務員のうちに含まれるため本来は地方公務員法が適用されるが、教育基本法による規定やその職種の特殊性から、一般公務員とは異なる取り扱いが必要とされ、「教育公務員特例法」が適用される（た

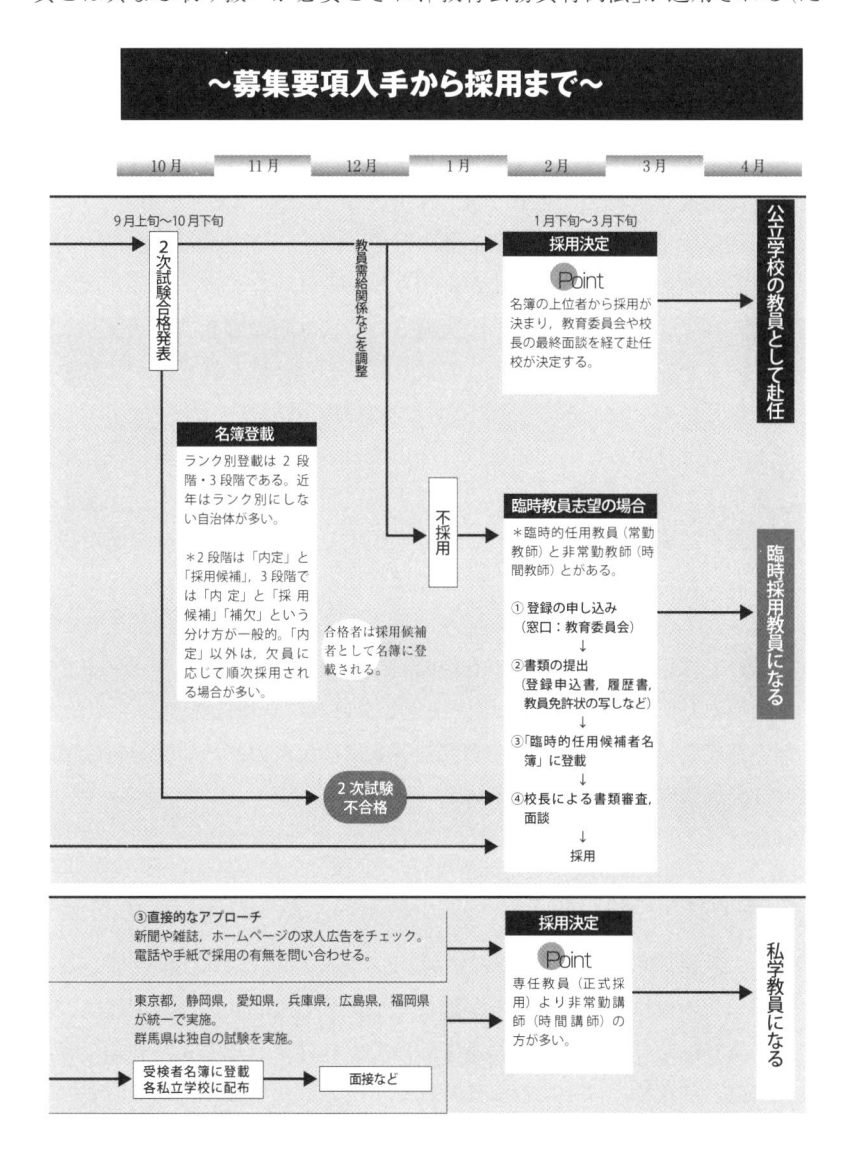

～募集要項入手から採用まで～

10月／11月／12月／1月／2月／3月／4月

9月上旬〜10月下旬
2次試験合格発表

1月下旬〜3月下旬
採用決定

Point
名簿の上位者から採用が決まり、教育委員会や校長の最終面談を経て赴任校が決定する。

→ 公立学校の教員として赴任

名簿登載
ランク別登載は2段階・3段階である。近年はランク別にしない自治体が多い。

＊2段階は「内定」と「採用候補」、3段階では「内定」と「採用候補」「補欠」という分け方が一般的。「内定」以外は、欠員に応じて順次採用される場合が多い。

合格者は採用候補者として名簿に登載される。

教員需給関係などを調整

不採用

臨時教員志望の場合
＊臨時的任用教員（常勤教師）と非常勤教師（時間教師）とがある。
① 登録の申し込み（窓口：教育委員会）
↓
② 書類の提出（登録申込書、履歴書、教員免許状の写しなど）
↓
③ 「臨時的任用候補者名簿」に登録
↓
④ 校長による書類審査、面談
↓
採用

→ 臨時採用教員になる

2次試験不合格

③直接的なアプローチ
新聞や雑誌、ホームページの求人広告をチェック。電話や手紙で採用の有無を問い合わせる。

東京都、静岡県、愛知県、兵庫県、広島県、福岡県が統一で実施。群馬県は独自の試験を実施。

受検者名簿に登載 各私立学校に配布 → 面接など

採用決定

Point
専任教員（正式採用）より非常勤講師（時間講師）の方が多い。

→ 私学教員になる

だし、国立大学の教職員は平成15年度制定の国立大学法人法によって非公務員となったため、特例法は適用されない）。採用方法についていえば一般公務員が競争試験を原則とするのに対し、教員においては選考によって行われる。

「選考」とは「選考される者の当該官職の職務遂行の能力の有無を選考の基準に適合しているかどうかにもとづいて判定すること」（人事院規則8-12）で、選考を行う上で判定を得るための客観的資料として、「公立学校教員採用選考試験」（一般に「教員採用試験」と呼ばれる）が用いられる。教員採用試験は一般的に、筆記試験や面接、実技試験、運動能力テスト、論文、適性検査など複数の方法が併用され、それらを一次試験と二次試験に分けて審査する。各都道府県で実施されるこれらの審査は「試験」と称されているが競争試験ではなく、教員としての適格性を教育長が判断する選考のひとつの手段とみなされており、教員採用試験の合格者は必ずしも採用されるとは限らない。合格者は採用候補者として候補者名簿に登載され、次年度の教員需要数に基づいて採用者数が決定されるので、児童生徒数の増減や退職者数によってその数は変動する。児童生徒数や退職者数が確定するのは年度末のため、たいていは新年度開始直前の3月に採用者数も確定される。また教員数が合格者で足りなくなった場合には補欠者から繰り上げて採用を行う。名簿の有効期限は4月1日より翌年3月末までの一年間であり、この期間中に採用が決定しなければ合格は無効とされるが、一部の都府県においては前年度の候補者名簿登載者の一次試験を免除するという優遇措置もとられている。

2　教員採用試験の近況

近年、教員採用がもっとも厳しい状況にあったのは2000年度で、この年を境にその後は採用試験倍率が連続して低下しており、一時に比べて採用条件は好転しているとみられる。地域で見れば東京・大阪・愛知などの大都市圏、学校種では小学校教員で採用予定者数が増加し、競争倍率（受験者数を採用者数で割った数値）の低下が顕著である。

校種別競争倍率の推移

※2001～04年度は文部科学省、05、06年度は時事通信の調査による。中学校・高校は他校種の一括採用分を含む。

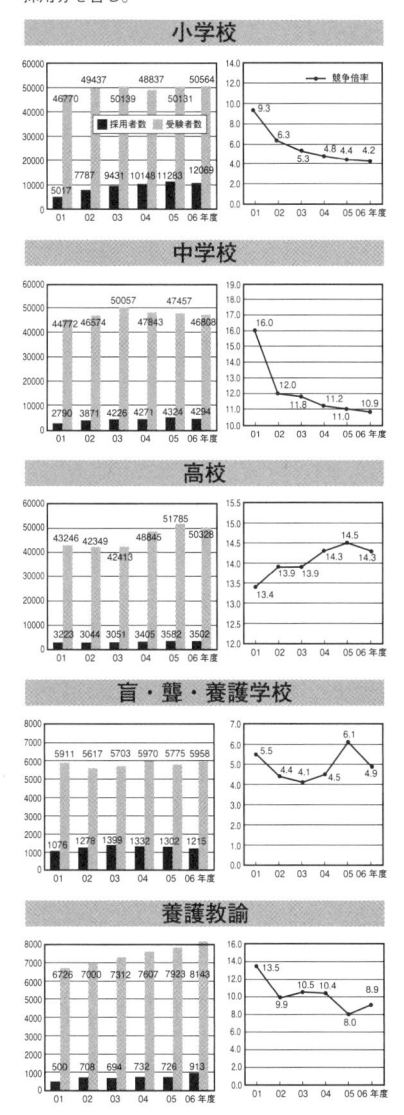

小学校

受験者数: 46770 (01), 49437 (02), 50139 (03), 48837 (04), 50131 (05), 50564 (06)
採用者数: 5017 (01), 7787 (02), 9431 (03), 10148 (04), 11283 (05), 12069 (06)
競争倍率: 9.3 (01), 6.3 (02), 5.3 (03), 4.8 (04), 4.4 (05), 4.2 (06)

中学校

受験者数: 44772 (01), 46574 (02), 50057 (03), 47843 (04), 47457 (05), 46808 (06)
採用者数: 2790 (01), 3871 (02), 4226 (03), 4271 (04), 4324 (05), 4294 (06)
競争倍率: 16.0 (01), 12.0 (02), 11.8 (03), 11.2 (04), 11.0 (05), 10.9 (06)

高校

受験者数: 43246 (01), 42349 (02), 42413 (03), 48845 (04), 51785 (05), 50326 (06)
採用者数: 3223 (01), 3044 (02), 3051 (03), 3405 (04), 3582 (05), 3502 (06)
競争倍率: 13.4 (01), 13.9 (02), 13.9 (03), 14.3 (04), 14.5 (05), 14.3 (06)

盲・聾・養護学校

受験者数: 5911 (01), 5617 (02), 5703 (03), 5970 (04), 5775 (05), 5958 (06)
採用者数: 1076 (01), 1278 (02), 1399 (03), 1332 (04), 1302 (05), 1215 (06)
競争倍率: 5.5 (01), 4.4 (02), 4.1 (03), 4.5 (04), 6.1 (05), 4.9 (06)

養護教諭

受験者数: 6726 (01), 7000 (02), 7312 (03), 7607 (04), 7923 (05), 8143 (06)
採用者数: 500 (01), 708 (02), 694 (03), 732 (04), 726 (05), 913 (06)
競争倍率: 13.5 (01), 9.9 (02), 10.5 (03), 10.4 (04), 8.0 (05), 8.9 (06)

図表2-2 『教員養成セミナー』2006年9月号、7頁、「校種別競争倍率の推移」

図表 2-3　公立学校教員採用者数の推移

年度	総計	小学校	中学校	高校	特殊教育諸学校	養護教諭
1975	—	17,777	9,631	6,401	—	—
1980	45,651	22,710	11,679	7,130	1,795	2,337
1985	38,239	11,386	13,485	10,363	1,548	1,457
1990	33,364	14,039	9,509	6,774	1,916	1,126
1995	18,407	6,742	5,414	4,232	1,213	806
2000	11,021	3,683	2,673	3,060	1,101	504
2001	12,606	5,017	2,790	3,223	1,076	500
2002	16,641	7,779	3,615	3,752	787	723
2003	18,801	9,431	4,226	3,051	1,399	694
2004	20,314	10,483	4,572	2,985	1,525	749
2005	21,606	11,522	5,100	2,754	1,486	744
2006	22,537	12,430	5,118	2,674	1,480	835
2007	23,912	12,573	6,677	2,592	1,124	888

出典：文部科学省「公立学校教員採用選考試験の実施状況について」『教育委員会月報』2006 年 12 月号ほか。2007 年度は 2 次試験最終合格者数で鹿児島県を除く。

図表 2-4　『教員養成セミナー』2007 年 5 月号、6 頁、「校種ごとの低倍率・高倍率自治体」

　　　　　［小学校］※ 左側が低倍率、右側が高倍率（以下同）
　　　　　　　1　千葉県（2.5 倍）　　　1　秋田県（27.7 倍）
　　　　　　　2　神奈川県（2.7 倍）　　2　岩手県（25.3 倍）
　　　　　　　3　大阪府（2.8 倍）　　　3　高知県（21.4 倍）
　　　　　　　3　東京都（2.8 倍）　　　4　山形県（18.9 倍）
　　　　　　　5　川崎市（2.9 倍）　　　5　鳥取県（16.5 倍）
　　　　　［中学校］
　　　　　　　1　千葉県（4.4 倍）　　　1　高知県（35.3 倍）
　　　　　　　2　新潟県（5.1 倍）　　　2　秋田県（34.5 倍）
　　　　　　　3　茨城県（5.2 倍）　　　3　徳島県（29.7 倍）
　　　　　　　4　岐阜県（5.9 倍）　　　4　沖縄県（27.0 倍）
　　　　　　　5　京都府（6.1 倍）　　　5　福島県（26.1 倍）
　　　　　［高校］
　　　　　　　1　千葉県（5.1 倍）　　　1　高知県（38.6 倍）
　　　　　　　2　福岡市（7.0 倍）　　　2　長野県（30.5 倍）
　　　　　　　3　山梨県（8.0 倍）　　　3　大分県（28.3 倍）
　　　　　　　3　岐阜県（8.0 倍）　　　4　広島県（28.0 倍）

	5	愛知県（8.1倍）	5	岡山県（26.8倍）

[特別支援教育]
1　和歌山県（3.6倍）　　　　1　熊本県（18.7倍）
1　京都府（3.6倍）　　　　　2　富山県（15.0倍）
3　岐阜県（3.7倍）　　　　　3　香川県（13.8倍）
3　山梨県（3.7倍）　　　　　4　兵庫県（13.7倍）
3　広島県（3.7倍）　　　　　5　高知県（13.3倍）

[養護教諭]
1　川崎市（3.9倍）　　　　　1　北海道（54.4倍）
2　山梨県（4.3倍）　　　　　2　山形県（34.0倍）
3　埼玉県（4.7倍）　　　　　3　岩手県（28.3倍）
4　新潟県（4.8倍）　　　　　4　鹿児島県（26.1倍）
5　静岡市（5.3倍）　　　　　5　石川県（23.0倍）

※以上、時事通信社調査による

　このような傾向が表れる背景にはいくつかの要因が考えられるが、最大の要因はいわゆる「団塊の世代」の大量退職に代表される、教職員の定年退職者の増加であろう。産業界では「2007年問題」という表現を用いられ、「団塊の世代」の大量退職が問題視されているが、この問題は教員という職種においても例外ではない。1970年代から80年代にかけて大量に採用された「団塊の世代」の教員が07年の春以降に退職するため、新任の教員が必要となり採用数は増加する。「団塊の世代」退職の流れは地域的には都市部に始まって徐々に地方へと波及していき、校種では小学校から中学校、高等学校に及ぶと考えられる。

　他には定年退職前に職を辞める教員が増加していることや、教員定数改善計画により少人数学級制やチームティーチングの導入などが推進され、教職員定数が増えたことが都市部で採用状況の好転した理由と考えられる。一方で人口の少ない地方や高等学校では、依然として高倍率が続いている。新規採用者が増えない理由としては児童生徒数の減少に従った教員定数の縮小が挙げられるが、高等学校では「団塊の世代」退職の影響がもっとも遅いためという理由が考えられ、数年後には採用状況が緩和されると推測される。しかし地方によっては財政難のため教員定数を増やせないという苦しい台所事情から、教員採用数を増やせない地域もある。

教員採用の倍率低下や採用者数の増加など、教員採用試験の受験希望者にとって都合の良い状況と見えるが、だからといって必ずしも採用試験が容易になったわけではない。平成11年の教育職員養成審議会の答申「養成と採用・研修との連携の円滑化について」では、教員採用の改善の方向として次のような諸点が掲げられている。
　　・多面的な人物評価を積極的に行う選考に一層移行する
　　・採用選考に当たり重視する視点を公表することにより、求める教員像を明確化する
　　・条件附採用制度の一層の運用の改善を図る
　このような改善案を受けて教員採用選考および教員採用試験の実施方法は多様化しており、同答申によると実際の採用に関する改善状況としては、以下の四点が認められるという。
　①　実技試験を実施する教育委員会が増加していること
　②　面接試験が充実されつつあること
　③　社会人の登用が進められていること
　④　心理検査などを活用することで教員適格性の確保の方策が進展していること
　とりわけ顕著な変化としては人物重視の採用選考が全国的に広く行われるようになり、面接や模擬授業等の実技指導の能力に重点を置いた選考が実施されている。実技としては、たいていの自治体で小学校の受験者には、体育実技（器械体操運動や球技、陸上等）、水泳、音楽実技、図画工作実技など何らかの実技が課される。また運動能力テストを全受験者に課す県市もある。中学校、高等学校では実技指導が重視される音楽、美術といった教科を中心に実技試験が行われており、英語受験者にはリスニングテスト・英会話・インタビューテスト等の実技試験を課す自治体も多く見られる。さらに各教科共通の実技試験としてパソコンの基本操作の出題も増えている。
　「人物重視」の選考やこれからの教員像として「多様な資質能力」を有することが求められる、といった改革案を受けて、一般選考とは異なる特別選考枠を設けている自治体も少なくない。特別選考には以下のような種

図表2-5　実技試験・面接等の実施方法（2006年度試験）

区分	実技試験 小学校 水泳	小学校 体育	小学校 音楽	小学校 図画工作	小学校 その他	中学校 各教科	中学校 運動能力テスト	高等学校 各教科	高等学校 運動能力テスト	全校種 パソコン実技	個人面接(◎) 集団面接(◇) 1次	個人面接(◎) 集団面接(◇) 2次	作文論文	適性検査	模擬授業	指導案作成	場面指導
北海道	●	●	●			●		●				◎◇	●	●			
青森県	○	●	●			○●		○●			◇	◎	●	○●	●	中高(○)	
岩手県		○	●			○●		○●			◇	◎◇	○	○●	高特養●		小中●
宮城県	○	●	●			○●		○●			◇	◎2	(○)●	●			●
秋田県	○	○	○	●	●器具操作，英会話，被服実技	○●		○●		(●)	◇	◎◇	●	●	●	小中高特●	特●
山形県	○	○	●	●		○		○		(○)	◇	◎◇	●	●	●		
福島県	○	○	○			○		○		(○)	◇	◎◇	●	●	小中高特●		養●
茨城県	●	●	●			○		○		(○)		◎◇	●	●	高●		
栃木県	●	●	●			○●		○●		(●)	◇	◎◇	●	●		特●	小中●
群馬県	●	●	●		○英会話	○●	●	○		(○●)	◇	◎◇	小中養○高●	●			小中養●
埼玉県	●	●	●	○		●		○●		(●)	◇	◎◇	高○小中養●	○●	小中高養●	中(●)	小中養●
千葉県	●	●				●		●				◎◇	○	●	●		●
東京都	●		●			●		●				◎◇	○		(●)	●	
神奈川県	●	●	●	●		○●		○●		(●)	◇	◎	(○)●	●	●	●	
新潟県	●	○	●			○●		○			◎	◎◇	○	●	○		●
富山県	●		●	●		○	●	○	●		◎	◎◇	●	●	●		
石川県	○		○		○器具操作，絵本読み聞かせ	○	○	○	○	(○)	◎		○	○	○		
福井県	○	○	●			●	○	●	○			◎◇	●	●			
山梨県	○	○	●			○●		○●				◎◇	●	●	●		
長野県	●	●	●			○●		○			◇	◎2	○	●	●		●
岐阜県	●	●	●	●		●	●	●		(●)	◇	◎2◇	●	●	小中養●	中●	小中養○
静岡県	●	●				○●		○●		(○)	◎	◎◇	●	●	小中●		小中特養●
愛知県	●					●		●			◇	◎◇	●	●			
三重県	●	●	●		●英会話	●		●		(●)	◇	◎◇	(●)	○			
滋賀県	●		●		●特別活動の実技	●	(●)	●			◇	◎2	○	○	小中高特●		
京都府	●	●	●	●		●		●			小特◎中高養◇	◎◇	○		●	●	
大阪府	●		●			●		●			◇	◎◇	(○)				
兵庫県	●	●	●			●		●		(●)	◇	◎		●	小中高特●		●
奈良県	○	○	○	○	○英会話	○					◇2	◎	○●		●		
和歌山県	●	●	●		●国語実技	●	●	●	●		◎	◎	小特○ 中高養●	●	中高特●		小●
鳥取県	○	○	○	○	○硬筆書写	○		○		(○●)	◇	◎◇		●	●		
島根県	●		●			●		●		(●)	◇	◎◇③	○	○●	●		③
岡山県	●	●	●	○		○●		○●			◇	◎2◇	●	●	小中高●		●
広島県	●	●	●			●		●		(●)		◎2◇	○	●	小中高特●	小特○ 中高特●	
山口県		○	○			○		○			◎	◎◇	●	●			小●
徳島県	●	○	○			○		○		(○)	◇	◎	●	●	小中高特●		
香川県	○	○	○	○		○●		○●			◇	◎	●	●	●		
愛媛県	○	○				○		○		(○)	◇	◎	○	○			●
高知県	●	●	●	●		●		●		(●)	◎◇	◎	●	●	小中高●	小中高●	特養●
福岡県	●	●	●		●英会話	○●	●	○●			(◎)◇	◎	○	●	小中高●		
佐賀県	●	●	●		○英会話	○●	●	○●	●			◎◇③	●	③	小中高●		③
長崎県	○	○	○			○●		○●		●	◇	◎	●	●	小中高特●		
熊本県	●	●	●			○●		○●			◇	◎2		●	●		●
大分県	○	●	●			○●		○●		●	◇	◎	○	●	●		
宮崎県	○	●	●			○●		○●		(○)	◎	◎◇	(○)		●		○
鹿児島県	●	●	●			○●		○●		●	◇	◎◇③	③	●	小中高●		小中高●
沖縄県	●	●	●	○	●英会話	○●		○●		●		◎	●	●	●		
札幌市	●	●	●			●		●				◎◇	●	●			
仙台市	○	●	●			○●		○●			◇	◎2	(○)●	●			●
さいたま市	●	○●	●	○		○●	○			(●)	◇	◎◇	(○)●	●	●	中●	
千葉市	●	●				●		●				◎◇	○	●	●		●
川崎市		●	●	●		●					(◎)◇	◎	(○)●				●
横浜市	●	●	●	●		●				(●)	◇	◎	(○)●		●	(○)	●
静岡市						●					◎	◎◇	○	○●			●
名古屋市	●	●				○●		○●		(○)	◇	◎◇	○	○			●
京都市	●	○●	●	●		○●		○●			◎	◇	●	●	●	●	
大阪市	●	●	●			●		●			◇	◎◇	(○)		●		
神戸市	●	●	●			○●					◇	◎	●				●
広島市	●	●	●			●		●		(●)		◎2◇	○	●	小中高特●	小特○ 中高特●	
北九州市	●	●	●		●英会話	○●	●			●	◇	◎◇	○	●	●	●	
福岡市	●	●	●			○●	●	○●		(●)	◎	◎◇	○	●	●	●	
合計	○16 (17) ●41 (39) 計57 (56)	○16 (19) ●39 (38) 計53 (54)	○ 9 (10) ●45 (43) 計54 (53)	○ 7 (9) ●10 (9) 計17 (19)	○ 5 (3) ● 7 (6) 計12 (9)	○38 (38) ●51 (47) 計61 (60)	○ 3 (3) ● 9 (9) 計12 (14)	○35 (39) ●42 (46) 計54 (59)	○ 2 (2) ● 3 (4) 計 5 (6)	○11 (8) ●21 (22) 計30 (25)	◎14 (15) ◇39 (42) 計49 (50)	◎59 (58) ◇39 (40) 計60 (59)	○32 (33) ●35 (36) 計58 (56)	○10 (9) ●46 (48) 計52 (53)	○ 2 (3) ●43 (42) 計45 (44)	○ 4 (5) ●14 (14) 計16 (17)	○ 2 (2) ●26 (26) 計30 (28)

（注）①○は1次試験，●は2次試験を表す。1次・2次の試験区分を設けていない場合については1次試験に含めている。また，（　）のついているものは，筆記試験免除者や一部の教科の受験者等特定の者に対してのみ実施しているものを表す。②◇2・◎2は集団面接・個人面接を2回以上実施したことを表す。③③は3次試験を実施したことを表す（面接は個人面接のみ）。④計については，実施した県市の実数である。

（資料）『教育委員会月報』文部科学省初等中等教育企画課（2005年12月号）。

出所：清水一彦編『最新教育データブック［第11版］』141頁。

類が見られる。

- 社会人特別選考
    民間企業や官公庁で3～5年程度の勤務経験があり、その経験を学校での教育活動に生かせることが要件とされる場合が多い。一般に試験科目の一部が免除される。
- 教職経験者特別選考
    他の自治体の正規教員に対して、一部の試験科目が免除される。
- スポーツ・芸術特別選考
    スポーツや芸術の分野で顕著な成績を収めた者に対して優遇措置を設ける。
- 有資格者特別選考
    志望する教科等について、一定の資格を有する者に免除措置を設ける。情報・工業・商業などの専門教科や、英語、看護などで実施されている。専門教科では第1種情報処理技術者試験合格者や、簿記検定1級合格者、英語ではTOEICやTOEFLなどで所定の点数を取得した者に免除規定が設けられる。
- 身体障害者特別選考
    身体障害のある者に試験において配慮事項があったり、特別選考枠が設けられている自治体もある。

3　教員採用制度の課題

　教員採用の状況が極めて厳しい「氷河期」が長く続き、その時期の新規採用者が少なくなったために生じた教員集団における年齢層の偏りは、学校経営上の支障ともなっている。それゆえ現在、一部の教員採用が「広き門」となっているのは志願者にとっては喜ばしいことであろうが、一方で今次の大増員は、行政が教員採用選考に対して長年にわたり無策であったため生じた、という批判もなされうる。なぜなら多数の退職者が出ることで空席になった定員を補充するため、一度に多数の正規職員を採用すると、将来的に再び長い「氷河期」が訪れてしまい学校内で教員の年齢層の偏り

を引き起こすという問題状況が繰り返されるからである。

　このような問題を避けるには、早期退職者や転職希望者、年齢構成の異なる他地域への移動者に優遇措置を用意するなどして定数を募り、代わりに毎年一定数の新規採用者の枠を設ける、などといった対応が「氷河期」の最中に計画的になされる必要があった。しかし現状を見ると小・中・高いずれの学校種においても採用数が急な増加を見せたり、依然低調なままある地域が多く、一時期に退職者および採用者が集中する様相を呈しており、教員の年齢層の平準化がうまくいっているとは言いがたい。

　「広き門」となった状況では、中途採用者枠を設けたり（地域によって社会人枠が設けられているが、全国化には至っていない）、ある程度の割合までは臨時採用教員を用いるなどして、正規教職員の急激な採用増を抑制しながら年間の採用者数を安定させる方法が考えられる。しかし学校の年齢構成に偏りが生じないよう配慮するにしても、臨時教員を増員して正規教員の人数を削減し過ぎると、学校運営に継続的に関わることで中心的役割を果たす正規教員の数が不足してしまい、別の側面で難題が生じてしまう。また雇用という側面から見ると期間契約の臨時教員は不安定な立場であり、臨時採用ばかりを増やすのでは雇用不安を駆り立てることにもなりかねない。また都市圏では年齢構成の上で層の薄い20代後半から30代の教員を補うため、他地域の教員の積極的な転勤を薦めるべく現職教員の試験科目の減免といった配慮（教職経験者特別選考）がなされているが、これは他地域からすれば学校の重要な働き手である中堅教員の引き抜きであり、総じて見れば問題の地域が移動しただけで解決にはならない。

　このように現時点で見る限り年齢構成の均等化に資する改善策として、受験年齢制限の緩和や「社会人の活用」といった改革案を認めることはできるものの、抜本的な対策は講じられていないというのが実情である。教員採用は教員の構成に大きな影響を及ぼすものであり、ひいては学校教育に多大な影響を与えるものであるから、教育改革を講じる上でその改善は必須であろう。それゆえ教員構成のバランスを考えた長年にわたる計画的な採用選考が実施されてはじめて、学校教育改革の基盤が整えられるといっても過言ではない。

第2節　教員の研修

1　教員研修の法的根拠とその意義

　現職教員の研修については、教育公務員特例法（以下、教特法と略記）第21条において「教育公務員は、その職責を遂行するために、絶えず研究と修養に努めなければならない」と規定されている。ここでいわれるように研修とは研究と修養のことを指し、研修によって教員が知的・技術的側面で能力を伸長するばかりでなく、人間的・人格的側面で成長することも望まれている。研修は教員のみならず地方公務員にも求められ、「その勤務能率の発揮及び増進のために、研修を受ける機会が与えられなければならない」（地方公務員法39条）とされているが、一般公務員の研修があくまで任命権者によって計画・実施されるものであるのに対し、教員には「自主的研究と人間的な修養が必要不可欠」であるとされる。それはラングラン（1980）の指摘するように、「10年毎に、以前の解釈ではもはやこと足りなくなるほどの大変化を呈するような、物的、知的、道徳的世界に対面させられている」といわれる現代社会にあって、世のなかの変化に対応しつつ成長しようという児童生徒に向き合う教員にとって、自らの資質能力を生涯にわたり刷新し、向上することが必須とされるからである。そのような職務の性格上から自主的に研修を行う必要があるため、研修は教員の義務とみなされる。

　それと同時に「教育公務員には、研修を受ける機会が与えられなければならない」（教特法22条）とされ、また「教育公務員の任命権者は、教育公務員の研修について、それに要する施設、研修を奨励するための方途その他研修に関する計画を樹立し、その実施に努めなければならない。」（教特法21条）と明記されることで、研修は教員の「権利」でもあるとみなされる。またこの場合の任命権者の役割は、教員の義務でありかつ権利でもある研修に益するよう、研修のための環境整備などの支援を行うことにあると考えられる。

さらに教員には、一般公務員とは異なり次のような研修上の特例が認められている。
- 教員は、授業に支障のない限り、本属長の承認を受けて、勤務場所を離れて研修を行うことができる。
- 教育公務員は、任命権者の定めるところにより、現職のままで、長期にわたる研修を受けることができる。（教特法22条）

これらの特例により教員は現職のままで、夏季休業などの長期休業中にいわゆる自宅研修であったり、長期間の研修を行う権利が認められているばかりでなく、むしろ自発的に研修を行うことが推奨されている。

以上のような法的根拠を持つ教員研修の意義として、佐藤晴雄（2006）は次の5点を挙げている。
① 教育者としての資質の向上
② 高度な専門的知識・技術の修得
③ 新しい指導法の修得
④ 教師相互のコミュニケーションと情報収集
⑤ 行政が提供する情報の収集

これらの項目のうち、「教育者としての資質の向上」と「専門的知識・技術の習得」については研修の中心的な目的であり、研修を行う意義として最もよく理解されるところである。一方で「新しい指導法の修得」は「専門的知識・技術の修得」の一部としても考えられるが、指導法は教員の専門的事項のなかでもとりわけ工夫が求められ、時代に応じた変化が求められているものであるから、とくに注目されるべきであろう。例えばインターネット等の情報メディアを用いた指導や、チームティーチング、体験的学習などの指導をするに当たり、その方法を習得するためには研修への参加が不可欠であると考えられる。

また教員は校内での勤務時間が長いため、外部や他の学校の教員から知識・技術や情報の収集をすることが難しい。そのため教育センター等で行われる学外の集合型研修などにおいて、参加者である教師相互のコミュニケーションや情報交換が行われることは研修のメリットのひとつに数えら

れる。また、文部科学省や教育委員会が新たな指針を作成した際には情報伝達を目的とした行政研修が実施され、教員や学校にとって必要な新しい

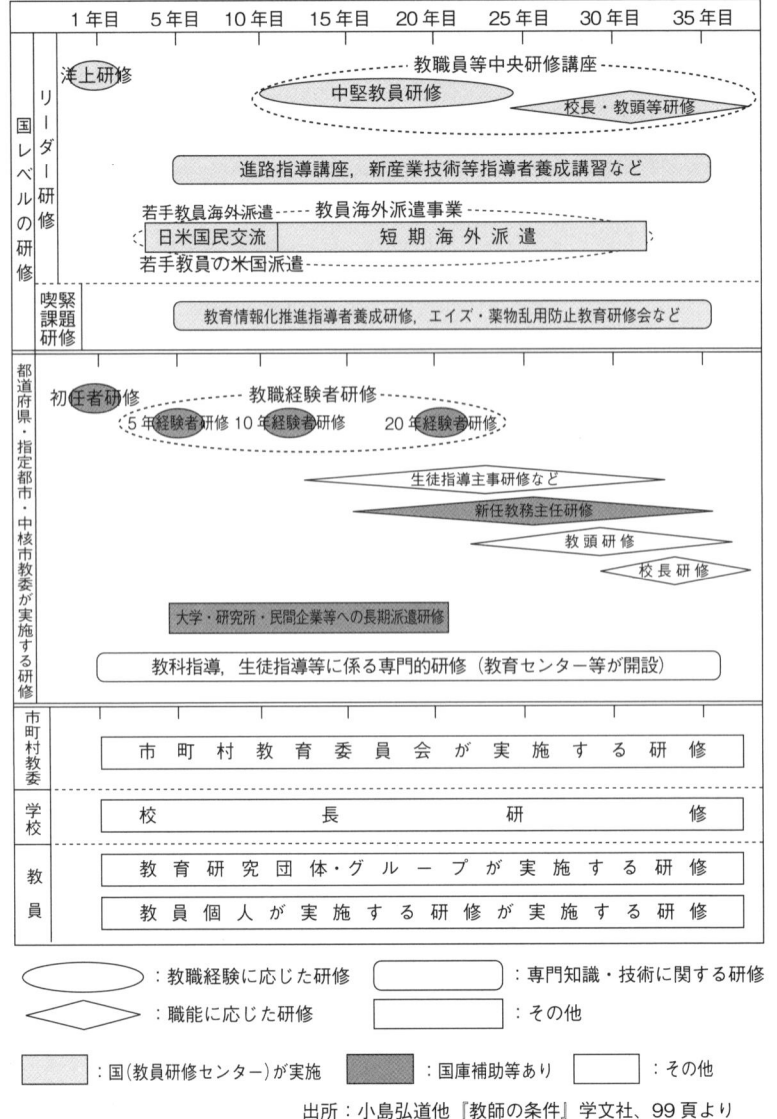

	1年目 5年目 10年目 15年目 20年目 25年目 30年目 35年目
国レベルの研修	**リーダー研修** 洋上研修　　　　　　　　　　　　　教職員等中央研修講座 　　　　　　　　　　　　　中堅教員研修　　　　　校長・教頭等研修 進路指導講座，新産業技術等指導者養成講習など 若手教員海外派遣　教員海外派遣事業 日米国民交流　　短期海外派遣 若手教員の米国派遣 **喫緊課題研修** 教育情報化推進指導者養成研修，エイズ・薬物乱用防止教育研修会など
都道府県・指定都市・中核市教委が実施する研修	初任者研修　　教職経験者研修 　　　　5年経験者研修 10年経験者研修　　20年経験者研修 　　　　　　　　　　　　　生徒指導主事研修など 　　　　　　　　　　　　　　新任教務主任研修 　　　　　　　　　　　　　　　　教頭研修 　　　　　　　　　　　　　　　　　校長研修 大学・研究所・民間企業等への長期派遣研修 教科指導，生徒指導等に係る専門的研修（教育センター等が開設）
市町村教委	市町村教育委員会が実施する研修
学校	校長研修
教員	教育研究団体・グループが実施する研修 教員個人が実施する研修が実施する研修

◯：教職経験に応じた研修　　　□：専門知識・技術に関する研修
◇：職能に応じた研修　　　　　□：その他

□：国（教員研修センター）が実施　■：国庫補助等あり　□：その他

出所：小島弘道他『教師の条件』学文社、99頁より

図表2-6　教員研修の実施体系

情報を得ることができる。

　教員研修は大きく分けて、職位別・経験年数別の研修と専門的研修との二種に区別できる。前者は初任者・中堅教員・教職経験者研修や主任・教頭・校長研修などであり、後者は教科・領域別研修である。また、研修をその形態や提供する主体から見ると、校内研修、学校間研修、教育研究団体等による研修、教員個人の自主的研修、行政機関・教育センター・大学院が提供する研修などがある。

2　初任者研修

　教員として新規採用された者を対象に実施される研修が初任者研修である。1970（昭和45）年より、国の教育研修事業補助金を受けて年間10日（後には20日）の初任者研修が行われてきたが、1988（昭和63）年に臨時教育審議会の答申を受けて教育公務員特例法等に改正がなされ、初任者研修が制度化された。この制度により公立学校の新任教員は指導教員のもとで「その採用の日から一年間の教諭の職務の遂行に必要な事項に関する実践的な研修」（教特法23条1項）を受けることが義務づけられている。

　教育職員養成審議会が1997（平成9）年に示した「新たな時代に向けた教員養成の改善方策について」（第一次答申）では、教員養成段階で修得されるべき水準は「採用当初から教科指導、生徒指導等の職務を著しい支障を生じることなく実践できる資質能力」とされており、基礎となるこの養成段階の水準に応じて、初任者研修で行われる指導は「採用当初から学級や教科を担当させつつ、養成段階で修得した『最小限必要な資質能力』を、円滑に職務を実施し得るレベルにまで高めることを目的とするもの」と示されている。

　初任者研修には校内研修（職場内研修）と校外研修があるが、文部科学省では校内研修の時間数として週10時間以上・年間300時間以上、校外研修には年間25日以上の実施を想定している。校内研修で初任者を指導し、助言を与える役割を担う指導教員としては所属する学校の教頭、教諭あるいは講師がその任に当たる。一方校外研修としては教育センターでの

教科等に関する専門的な指導であったり、別種の学校・社会教育施設・福祉施設や企業の参観および体験研修、あるいはボランティア活動や野外体験活動による研修、洋上研修をはじめとする宿泊研修（4泊5日程度）などが行われている。

このように、さまざまな校内研修・校外研修を組み合わせて行うことで新任教員の実践的指導力や教員としての使命感の向上が図られる。その内容としては、基礎的素養・学級経営・教科指導・道徳・特別活動・生徒指導など、教諭の職務に必要な事項について実施される。しかし初任者研修に関する問題として、研修内容が重複したり画一化している、指導教員や管理職がその他業務で忙しく指導が行き届かない、あるいは研修時間が十分に取れない、といった点が指摘されてきた。そのため初任者研修の改善策として、1999（平成11）年の教育職員養成審議会答申「養成と採用・研修との連携の円滑化について」（第三次答申）のなかで、初任者研修の具体的な見直し案が以下のように示されている。

・授業実践について指導教員等がきめ細かく初任者を指導していく時間を確保する。
・参加型・体験型研修、課題解決的な研修を多く取り入れるなど、研修カリキュラムをより魅力あるものとするよう工夫する。
・異なる規模の学校での研修や他校種での研修機会の確保を図る。
・初任者研修に関して拠点校を設置し、指定された拠点校において初任者に対する校外研修を実施したり、あるいは拠点校に勤務する研修担当教員を初任者が配置されている学校に派遣することについて検討する。

とくに見直し案の最後に挙げられた「初任者研修に関する拠点校」の設置は、初任者研修の実施方法として近年になって特徴的に見られる改善策であり、2003年度以来段階的に導入が進められ、現在では全面的実施の方向にある。この「拠点校方式」では、初任者研修に専念して関わる「拠点校指導教員」を初任者4人に対し1人配置し、校内においても校内指導教員の配置がなされる。

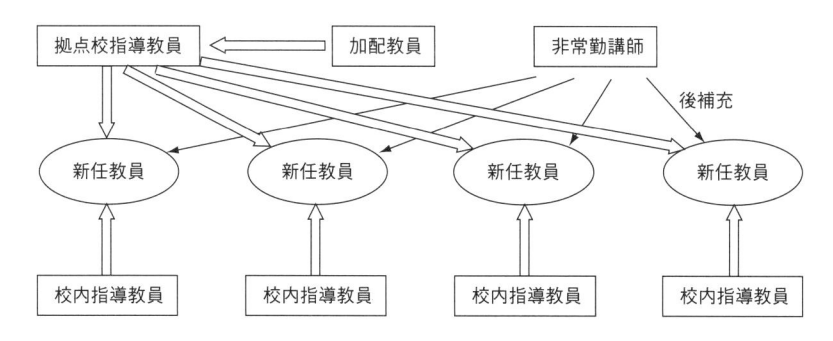

```
拠点校指導教員 ← 加配教員    非常勤講師
      ↓ ↓ ↓ ↓    ↓ ↓ ↓      ↓ 後補充
                              ↓
   新任教員  新任教員  新任教員  新任教員
     ↑        ↑        ↑        ↑
  校内指導教員 校内指導教員 校内指導教員 校内指導教員
```

出所：清水一彦編『最新教育データブック［第 11 版］』145 頁

図表 2-7　拠点校方式による初任者研修体制

3　教職経験者研修等

　2002（平成 14）年に中央教育審議会の答申「今後の教員免許制度の在り方について」のなかで、教職 10 年を経験した教員に対する研修が提言され、それを受けて教育公務員特例法が一部改正され、10 年経験者研修が同年に創設された。

　特例法で公立学校の教員は「その在職期間が 10 年に達した後相当の期間内、個々の能力、適性等に応じて、教諭等としての資質の向上を図るために必要な事項に関する研修を実施しなければならない」（教特法 24 条）と定められている。このような規定がなされる 10 年経験者研修は自主的研修やその他の教職経験者研修などと異なり、初任者研修と同様の法定研修であって、特別の事情がない限りすべての現職教員がそれぞれ相当の時期に実施される研修を受けなければならない。10 年経験者研修の研修日数は、小・中・高・特別支援学校・中等教育学校ではいずれも平均約 35 日間であり、幼稚園では約 18 日間である。

　研修の時期が考慮される「特別の事情」には、以下のような状況が想定される。

　①　在職年数が 10 年に達した教諭等の状況や、研修の体系的な整備に関する考え方との調整のため 10 年とは異なる年数を定めることが

適切な場合
② 学校種ごとに、在職年数が10年に達した教諭状況の違いがある等のため、学校種ごとに、異なる年数を定めること（たとえば、小学校は12年、中学校は9年、特別支援学校は11年と定めること）が適切な場合
③ 10年経験者研修の全部または一部を教科別に実施していること等から、本来研修を実施すべき時期に対象となる教諭等の数が少なく、複数年度を合わせて実施することが適切な場合
④ 対象となる教諭等の数が多いため、本来研修を実施すべき時期に行うことが困難であり、一部の教諭等について実施時期を早めまたは遅らせることが適切な場合
⑤ 対象となる教諭等が配置されている学校の状況等により、本来研修を実施すべき時期に行うことが困難であるため、実施時期を早めまたは遅らせることが適切な場合

　上記の①や近年の教育改革の議論と関わる研修の問題として注目されるのは、10年ごとの教員免許状の更新制度が導入されると、免許更新のための講習と10年経験者研修の実施年度の重なる教員が出てくる点である。すでに第1章3節にも示したとおり、教員免許状取得後10年と現職教員として在職10年という違いはあるものの、教員免許更新制度と10年経験者研修は同じだけの期間を経て行われるため、免許取得直後に教職に就いた人の免許更新時期と研修は同時期に設定されることとなる。
　文部科学省の説明によると10年経験者研修は各教員の得意分野作り、専門性を高めることに主眼があり、それに対して免許更新制はすべての教員が対象となり、修了検定も設ける点で目的が異なる、とされる。しかし異なる機構が独自に講習・研修を設定することで内容が重複する可能性があり、また時期が集中することによってただでさえ多忙な教員をますます多忙にすることにもなりかねず、さらには時事的な教育課題に関しての取り組みや情報を伝達し、最新の技術を修得するという研修の意義からすれば、研修の効果が薄れてしまうこともあり得る。それゆえ今後は新たに「特

別な事情」として、免許更新制度の時期や内容を考え合わせた研修の実施が必要となる。

10年経験者研修の特色としては、個々の教員の能力・適性などに応じて実施されること、事前評価や研修計画書の作成をする際に受講者に自己評価を行わせることが挙げられる。自己評価を行ったり、研修計画の作成に当たって教員自身の意見や希望が参考にされることで自らの課題や適性、得意分野などを再認識し、研修意欲が喚起されるとともに、研修内容がより適切なものとされるように期待されている。ただし、評価や研修計画に本人の自己評価や意見をそのまま反映することは不適切であるから、あくまで参考として活用されるにとどまる。

自己評価を活用している県市は9割以上におよび、それを参考に校長が教頭や教務主任などと連携して評価案や研修計画書案を作成し、教育委員会がそれらに必要な調整を行った上で研修内容が決定される。また研修実施後も受講した教員の資質向上を図るため、再度の評価を行っている県市が9割以上を占めており、再評価の結果がその後の指導や研修に活用されている。研修後の評価は以上のように受講者の資質向上に生かす目的で行われるものであるから、評価結果がそのまま勤務評定につながるものではない。

最後に、教員の研修を種類と実施機構ごとにまとめるとそれぞれ以下のとおりである。

研修の種類
① 基本研修
　・教職経験に応じた研修：初任者研修、教職経験者研修（5年・10年・20年）
　・職務に応じた研修：校長研修、教頭研修、新任教務主任研修、生徒指導主事研修
② 専門研修
　・教科等に関する研修：国語、数学などの各教科に関する研修
　・教育課題に関する研修：情報教育、国際理解教育、生徒指導などの

課題に関する研修
③　その他
・長期派遣研修：教育研修センター、大学・大学院などに長期派遣される研修
・校内研修：校内において行われる研修
・自主研修：教員個人、団体、グループが自主的に行う研修

研修の実施機構

［国が実施］
①　リーダー研修（教職員等中央研修講座、生徒指導講座、教育課程研究集会、教員海外派遣など）
②　全教員対象の研修（教育課程研修会）

［県が実施］
①　教職経験に応じた研修（初任者研修、5年・10年・20年経験者研修）
②　職務に応じた研修（校長研修、教頭研修、教務主任研修など）
③　専門的な研修（教科指導、道徳、特別活動、生徒指導、進路指導、情報教育など）
④　長期派遣研修（大学、研究所、民間企業への派遣など）

［その他］
市町村教委が実施する研修、教育研究団体が実施する研修、研究グループが実施する研修、校内研修、自己啓発研修

〈参考・引用文献〉

姉崎洋一他編（2007）『解説教育六法　平成19年版』三省堂。
『教員養成セミナー』（2006, 2007）時事通信社。
窪田眞二・小川友次（2006）『平成19年版　教育法規便覧』学陽書房。
小島弘道・北神正行・平井貴美代（2002）『教師の条件　授業と学校をつくる力』学文社。
佐藤晴雄（2006）『教職概論―教師を目指す人のために［第一次改訂版］』学陽書房。

清水一彦編（2006）『最新教育データブック［第11版］』時事通信社。
中谷彪・浪本勝年編著（2001）『現代の教師を考える』北樹出版。
細谷俊夫・奥田真丈・河野重男編（1979）『教育学大事典』第一法規出版。
宮崎和夫編著(2000)『教職論——教員を志すすべてのひとへ』ミネルヴァ書房。
森下恭光編著（2003）『教師論—教職とその背景』明星大学出版部。
谷田貝公昭・林邦雄・成田國英編（2002）『教師論』一藝社。
米山弘編著（2001）『教師論』玉川大学出版。
ラングラン著、波多野完治訳（1980）『生涯教育入門［第一部］』全日本社会教育連合会。

第3章

教員の任免と服務

　第二部の最終章となる本章では、教員の実際の仕事を規定する任免と服務等に関する法令と、勤務・待遇の実態を総覧することで、教員という職業を取り巻く境遇を眺めわたす。

　任免とは、職員を一定の職に任用することと罷免する（＝免職させる）こととをあわせていう。教員の任用は教員の職に欠員が生じた場合に、採用・昇任・降任・転任のいずれかの方法で行われる教職への任命を指し、免職（あるいは罷免）は逆に、職員をその意に反して退職させることを指す。また服務とは、公務員など組織や団体に使用される者がその勤務に服するに当たってのあり方、あるいは被使用者としての地位に基づくあり方をいい、公立学校の教員に関していえば、地方公務員法により服務の根本基準や守るべき義務などが定められている。

第1節　教員の身分と任用

1　教員の身分保障について

　私立学校教員、国立大学教員はそれぞれ学校法人の職員、国立大学法人職員という規定がなされているが、公立学校教員は地方公共団体の公務を担当しており、地方公共団体の職員のためその身分は「地方公務員」である。だが一般の地方公務員は「地方公務員法」の規定に従い身分が保障されているのに対し、教員は地方公務員のなかでもその職務の特殊性に基づ

き、教育公務員として一部において「教育公務員特例法」が指示する特例を受ける。この地方公務員法と教育公務員特例法とは前者が一般法、後者が特別法という関係にある。

2006（平成18）年に改正された教育基本法の第9条2項には、法律に定める学校の教員について「その使命と職責の重要性にかんがみ、その身分は尊重され、待遇の適正が期せられるとともに、養成と研修の充実が図られなければならない」と規定されており、正当な理由なく一方的に分限や懲戒などの処分を受けることがないように身分の保障が明言されている。教員について規定した教育基本法第9条は、学校教育法について規定した改正前の第6条から教員についての規定内容を取り上げ、独立させた条文である。

改正以前の第6条の2項は次のような一文からなっていた。

「法律に定める学校の教員は、全体の奉仕者であって、自己の使命を自覚し、その職責の遂行に努めなければならない。このためには、教員の身分は、尊重され、その待遇の適性が、期せられなければならない。」

ここでは教員の身分・職責を特徴づける性格規定として「全体の奉仕者」という文言が見られる。しかしこの語は2006年度の法改正によって削除され、現行法の第9条には明記されていない。とはいえ日本国憲法第15条2項に「すべての公務員は、全体の奉仕者であって、一部の奉仕者ではない」と記され、また地方公務員法第30条にも地方公務員が「全体の奉仕者として公共の利益のために勤務し」なければならない、と記されていることからも、地方公務員に属する公立学校教員が「全体の奉仕者」であることに変わりはない。それは教育公務員特例法第1条に教員の職務が「教育を通じて国民全体に奉仕する」こととされている点にも明らかである。

2　教員の任用について

任用とは、任命権者が特定の人を特定の職につけることを意味しており、地方公務員法第17条において「職員の職に欠員が生じた場合においては、任命権者は、採用、昇任、降任または転任のいずれか一の方法により、職

員を任命することができる」とされている。地方公務員である公立学校教員も上記のとおり採用、昇任、降任、転任のいずれかの方法で任用が行われる。

(1) 採用

教員の採用については第2章1節に示したとおりであるが、改めてその特徴を要約すれば、一般公務員の採用が競争試験であるのに対し、教員は「選考」という採用方法をとる点にある。いわゆる教員採用試験には筆記試験などの試験があるが、これはあくまで教育者としての適性を判断する手段であり、参考に用いられる。そして、採用試験に合格しても次年度から正式に教員として採用されるとは限らず、一旦採用候補者として候補者名簿に登載され、次年度の教員の需要数に応じて採用が決定される。また採用が決定しても、法律で定められた初任者研修の期間である最初の一年間は「条件つき採用」となっている。その期間の職務が適切に遂行されてはじめて正式採用となる。なお、条件つき採用期間経過後に教員として適格性を欠くと認められるにいたった場合には、継続して観察・指導・研修を行ったり、本人の希望を踏まえて他の適切な職種への転職を検討する、などといった配慮がなされる。

(2) 昇任

昇任は、現在有する職・地位よりさらに上位の職・地位につかせる任用行為をいう。類似した語に昇格があるが、昇格は給与制度上の概念で、職員の職務の等級を同一俸給表で上位の等級に変更することをいう。教員の昇任は採用と同じく選考によって行われ、選考の実施者は任命権を有する教育委員会の教育長である。校長・教頭への昇任には、多くの場合「管理職選考試験」と呼ばれる選考試験が実施される。選考方法や受験資格などはさまざまであるが、多くは筆記試験と口述試験を併用して行われる。また、受験資格として教職経験年数や年齢などの資格要件が必要とされる。

(3) 降任

　降任は昇任とは逆に、現在有する職・地位を下位のものに変更することをいう。類似した語に降格があるが、降格は職員の職務の等級を同一俸給表で下位の等級に変更することをいう。すなわち、降任は任用制度上の概念であり、降格は給与制度上の概念である。降任は公務員の欠員補充の方法として任用の一種ではあるが、命じられた教職員にとって不利益な処分であるため、分限処分（本章3節で解説）に当たる。そのため公立学校教員は地方公務員法第28条の規定により、勤務実績が良くない場合など職務に支障をきたす問題があった場合に降任がなされる。また、自己申告によって管理職からの降任が認められている場合もある。

(4) 転任

　転任は教員を採用・昇任・降任以外の方法で、ある職から他の職に任命することをいう。任命権者が同じ場合の転任は配置転換といい、人事異動によって教員の勤務校が変わる場合をいう。一方で公立学校教員が他府県の採用試験を改めて受験して採用される場合は転任ではなく、一度免職して新たに採用されたことになる。

第2節　教員の服務

1　教員の服務義務

　公務員がその職務に服する場合に守らなければならない義務や規律を「服務」という。公立学校教員の服務の根本基準は、地方公務員法第30条に「全体の奉仕者として公共の利益のために勤務し、職務の遂行に当たっては、全力を挙げてこれに専念しなければならない」と定められている。「全体の奉仕者」の言葉が示すとおり、公務員は特定の集団のためにではなく公共の利益に奉仕すべきことが明記され、その根本的義務とされている。また同法31条では「服務の宣誓」が義務づけられ、すべての公務員はこ

の服務宣誓を終えなければ職務を行ってはならないとされる。宣誓書の様式や宣誓の内容はそれぞれの地方自治体の条例によって定められている（**図表3-1**を参照）。

また、教員の服務義務は、大きく分けて職務上の義務と身分上の義務との二種類に区別できる。

2　職務上の義務

職務上の義務とは、教員が職務を遂行するうえで守らなければならない義務をいう。

(1)　法令等および上司の命令に従う義務

地方公務員法第32条では、職務上の命令に従う義務として以下のように記されている。

「職員は、その職務を遂行するに当って、法令、条例、地方公共団体の規則及び地方公共団体の機関の定める規程に従い、且つ、上司の職務上の命令に忠実に従わなければならない。」

ここでいわれる「上司」とは、教諭にとって教頭・校長・教育委員会などである。また平成19年の学校教育法改正案によって副校長・主幹・指導教諭の新設が認められたため、学校によっては教諭の上司として主幹や副校長が加わる。そして校長にとっての上司は教育委員会である。しかし、いずれの場合であれ他校の管理職や他地域の教育委員会などは職務上の上司に当たらない。上司による職務上の命令としては研修命令や出張命令などがあるが、上司の命令とはいえ法規の範囲を逸脱したものである場合には、これに服従する義務はない。

(2)　職務専念義務

すでに見たように地方公務員法第30条には「職務の遂行に当っては、全力を挙げてこれに専念しなければならない」という一文が含まれているが、さらに同法35条では、職務に専念する義務について以下のように記

《例1》東京都（昭26条例15）
　様式一（公営企業職員、教育公務員、警察職員および消防職員を除くその他の職員）

> 宣　誓　書
> 　私は、ここに、主権が国民に存することを認める日本国憲法を尊重し、且つ、擁護することを固く誓います。
> 　私は、地方自治の本旨を体するとともに公務を民主的且つ能率的に運営すべき責務を深く自覚し、全体の奉仕者として、誠実且つ公正に職務を執行することを固く誓います。
> 　　　年　　月　　日
> 　　　　　　　　　　　　氏　　名　印

　様式三（教育公務員）

> 宣　誓　書
> 　私は、ここに、主権が国民に存することを認める日本国憲法を尊重し、且つ、擁護することを固く誓います。
> 　私は、地方自治及び教育の本旨を体するとともに公務を民主的且つ能率的に運営すべき責務を深く自覚し、全体の奉仕者として、誠実且つ公正に職務を執行することを固く誓います。
> 　　　年　　月　　日
> 　　　　　　　　　　　　氏　　名　印

《例2》京都府（昭26条例5）別記

> 宣　誓　書
> 　私は、ここに日本国憲法を尊重且つ擁護し、地方公務員として地方自治の本旨を体するとともに公務を民主的且つ能率的に運営すべき責務を深く自覚し、全体の奉仕者として誠実且つ公正に職務を執行することを固く誓います。
> 　　　年　　月　　日
> 　　　　　　　　　　　　氏　　名　印

出所：窪田眞二・小川友次『平成19年版　教育法規便覧』218頁

図表3-1　「宣誓書の様式」

されている。

「職員は、法律又は条例に特別の定がある場合を除く外、その勤務時間及び職務上の注意力のすべてをその職責遂行のために用い、当該地方公共団体がなすべき責を有する職にのみ従事しなければならない。」

ここで「法律又は条例に特別の定がある場合」といわれる義務の免除(「職専免」と略称される）がなされる理由には、休職（地公法 28 条）、停職（地公法 29 条）、勤務地を離れて研修を行う場合（教特法 22 条）、休日（労働基準法 35 条）、年次有給休暇（同法 39 条）産前産後休暇（同法 65 条）などがある。

3　身分上の義務

身分上の義務とは、公務員としての身分を有する限りにおいて守らなければならない義務のことである。そのため身分上の義務は勤務時間外にも適用される。

(1)　信用失墜行為の禁止

地方公務員法第 33 条では、以下のように規定される。

「職員は、その職の信用を傷つけ、又は職員の職全体の不名誉となるような行為をしてはならない。」

この条文に具体的な内容は記されていないが、法令違反や犯罪だけでなく、さまざまな公序良俗に反する行為も含めて、広く信用失墜行為とみなされる。例としては暴力行為、金銭トラブル、賄賂授受、飲酒運転などが考えられる。公務に対する国民の信頼を確保する目的で定められており、とりわけ教員の場合には児童生徒に対して人格的影響をおよぼすという職務の性質上、一般公務員に比べて厳しい判断がなされる。

(2)　秘密を守る義務（守秘義務）

地方公務員法第 34 条 1 項では、以下のように規定される。

「職員は、職務上知り得た秘密を漏らしてはならない。その職を退いた

後も、また同様とする。」

ここでいわれる「秘密」とは、一般に知られていない事実で、それを一般に知らせることが一定の利益の侵害になると客観的に考えられるものをいう。教員の職務に関係する秘密としては、入学試験問題、児童生徒の成績評価、指導要録などが挙げられる。ただし当然のことながら、「官吏又は公吏（それぞれ国家公務員、地方公務員に相当）は、その職務を行うことにより犯罪があると思料するときは、告発をしなければならない。」（刑事訴訟法239条2項）という条文を見てもわかるとおり、犯罪行為に対して守秘義務は適用されない。

(3) 政治的行為の制限

教育公務員特例法第18条には、以下のように規定される。

「公立学校の教育公務員の政治的行為の制限については、当分の間、地方公務員法第36条の規定にかかわらず、国家公務員の例による。」

地方公務員法では、当該職員の属する地方公共団体の区域外においては一部の政治的活動をすることが許されるが、公立学校教員には地域に関係なく政治活動が禁止される、より厳格な国家公務員法第102条の規定が適用されている。ただし国家公務員の場合に適用される罰則は、教員に対しては適用されない。このように政治的行為の制限がなされるのは、教育基本法第14条に示される、学校教育における政治的中立性を保障するためである。同法では次のように規定されている。

「法律に定める学校は、特定の政党を支持し、又はこれに反対するための政治教育その他政治的活動をしてはならない。」（教育基本法14条2項）

このような学校における中立的な政治的教育を実現するため、学校教育を実践する個々の教員に対して制限が加えられるのである。なお、国家公務員法102条に記された「人事院規則で定める政治的行為」とは、選挙用のポスターを貼ったり、ビラを配布するなどでの活動である。

(4) 争議行為等の禁止

地方公務員法第37条1項では、以下のように規定される。

「職員は、地方公共団体の機関が代表する使用者としての住民に対して同盟罷業、怠業その他の争議行為をし、又は地方公共団体の機関の活動能率を低下させる怠業的行為をしてはならない。又、何人も、このような違法な行為を企て、又はその遂行を共謀し、そそのかし、若しくはあおってはならない。」

同盟罷業とは業務を罷め、仕事をしないことでいわゆるストライキをいい、怠業とは仕事に従事しながらも、仕事を停滞させたり能率を落としたりすることで、サボタージュ（「サボる」の語源）の訳語である。これらの行為は争議行為として、一般の勤労者には労働三権（団結権・団体交渉権・争議権）のうちに認められている。しかし、公務員は「全体の奉仕者」という服務の根本基準に拠っているため、国民や住民全体の共同利益に反する争議行為は認められない。その代わりに、公務員には法的に身分保障と勤務条件が規定されている。

(5) 営利企業等の従事制限

地方公務員法第38条1項には、以下のように規定される。

「職員は、任命権者の許可を受けなければ、営利を目的とする私企業を営むことを目的とする会社その他の団体の役員その他人事委員会規則（人事共同体の規則）で定める地位を兼ね、若しくは自らの営利を目的とする私企業を営み、又は報酬を得ていかなる事業若しくは事務にも従事してはならない。」

しかし、公立学校教員には次のような特例が認められる。

「教育公務員は、教育に関する他の職を兼ね、又は教育に関する他の事業若しくは事務に従事することが本務の遂行に支障がないと任命権者において認める場合には、給与を受け、又は受けないで、その職を兼ね、又はその事業若しくは事務に従事することができる」（教特法17条）

この特例により、公立学校教員は任命権者の許可があれば私立学校の非常勤講師などを兼ねることは可能であるが、教育に関する他の職とはいっても営利企業である学習塾の講師などを兼ねることはできない。

図表3-2　他の職・他の事業・他の事務の区別　特例法17　表Ⅳ-20参照

表Ⅳ-20

①教育に関する他の職を兼ねる	学校教育、社会教育、学術文化に関する他の職員の職を兼ねること
②教育に関する他の事業に従事する	私立学校を経営する学校法人等の私企業の役員になること
③教育に関する他の事務に従事する	公立学校の教員が国立または私立学校の教員の職を兼ねること

出典　窪田眞二・小川友次『平成19年版　教育法規便覧』237頁

4　分限処分と懲戒処分

　教員には身分保障がなされているとはいえ、一定の目的を確保するため服務義務などの法律又は条例で定められる事由がある場合には、その教員の意に反して処分が行われる（地公法27条）。処分がなされるに当たって「意に反して」とは、処分を受ける当人の同意を要しないで一方的に行われる、という意味である。

　処分には分限処分と懲戒処分の二種類があるが、分限が職員の道義的責任を問題にしない処分であるのに対し、懲戒は道義的責任を問題にするという点で大きく異なる（**図表3-3**を参照）。いずれの場合にもこのような処分が下されるときには、処分が公正であることがなにより重要である。

図表3-3　分限処分と懲戒処分の関係

表Ⅳ-21

分　限　処　分	懲　戒　処　分
①職員の道義的責任を問題にしない。	①職員の道義的責任を問題にする。
②公務の能率の維持向上の見地から行われるので、その事由についてとくに本人の故意または過失によることを要しない。	②職員の義務違反に対する制裁として行われるので、その行為が、本人の故意によることを要する。
③分限処分の事由としては、一定の期間にわたって継続している状態をとらえるとみられる。	③懲戒処分の事由としては、必ずしも継続した状態ではなく個々の行為または状態をとらえるとみられる。

出典　窪田眞二・小川友次『平成19年版　教育法規便覧』239頁

(1) 分限処分

分限処分は教員がその職務を十分に果たし得ない場合に、公務の能率の維持と適正な運営を確保することを目的として任命権者が行う、当人にとって不利益な身分上の変動をいう。分限の内容としては、免職、降任、休職、降給などがある。

降任および免職が適用される事由としては、以下の場合が挙げられる。
- 勤務実績が良くない場合
- 心身の故障のため、職務の遂行に支障があり、またはこれに堪えない場合
- 以上二項に規定された場合以外で、その職に必要な適格性を欠く場合
- 職制もしくは定数の改廃または予算の減少により廃職または過員を生じた場合

休職が適用される事由としては、以下の場合が挙げられる。
- 心身の故障のため、長期の療養を要する場合
- 刑事事件に関し起訴された場合

休職は、その事由が消滅したときには休職期間が終了したものとみなされ、復帰するものとされる。休職期間中には原則として給与は支給されないこととなっているが、休職の事由によっては給与が一定限度支給され、休職の期間と給与は条例により規定されている。また、教員が結核性疾患のため休職する場合には、分限休職の特例が適用される（教特法14条）。結核休職の場合、任命権者が必要であると認めるときは3年まで休職を延長することができ、その期間中給与の全額が支給される。それというのも教員は職務の性格上、児童生徒に対する伝染病の感染が懸念されるため、感染を未然に防ぐ目的でこのような措置がとられる。

(2) 懲戒処分

教員に定められた服務義務の違反があった場合に、公務の秩序維持を目的として任命権者が行う制裁を懲戒処分という。そのため、社会の生活秩

序を侵害する犯罪に対して科される刑罰とは区別されなければならない。また、両者は異なるものであるために、ひとつの行為によって公務の秩序と社会の秩序の双方に違反する場合は、懲戒と刑罰の両方の制裁が科されることになる。懲戒の内容としては、戒告、減給、停職、免職がある。

戒告とは職員の服務義務の責任を確認し、その将来を戒める処分である。減給は一定の期間、給料の一定額を減ずる処分をいう。停職は職員を一定の期間職務に従事させない処分であり、免職は職員としての地位を失わせる処分で、停職や免職処分を受けると、停職手当てなどが支給されなくなる場合がある。

懲戒が適用される事由としては、以下の場合が挙げられる。
・法律・条例などの法令で定める規定に違反した場合
・職務上の義務に違反し、または職務を怠った場合
・全体の奉仕者たるにふさわしくない非行のあった場合

教員の懲戒事由の具体的な例としては、過去の勤務先を偽る経歴詐称、学習指導要領に基づく授業・成績評価方法の違反、わいせつ行為などが挙げられる。また近年になって、学校でのセクハラ（セクシャル・ハラスメント）が増加し、あるいは従来黙認されてきた行為がセクハラと認知されるようになったことで、教員がセクハラによって懲戒などの不利益処分を受ける場合も見られる。発達段階にある児童生徒に対面し、男女平等に基づく教育を行う教員だからこそ、ジェンダーによる差別などのセクハラに対して十分に留意し、自らセクハラ行為を働かないことはもちろん、セクハラを見逃したり許容したりしない態度が必要である。

〈参考・引用文献〉
姉崎洋一他編（2007）『解説教育六法　平成19年版』三省堂。
『教員養成セミナー』（2006, 2007）時事通信社。
窪田眞二・小川友次（2006）『平成19年版　教育法規便覧』学陽書房。
小島弘道・北神正行・平井貴美代（2002）『教師の条件　授業と学校をつくる力』学文社。
佐藤晴雄（2006）『教職概論――教師を目指す人のために［第一次改訂版］』

学陽書房。
清水一彦編（2006）『最新教育データブック［第11版］』時事通信社。
中谷彪・浪本勝年編著（2001）『現代の教師を考える』北樹出版。
細谷俊夫・奥田真丈・河野重男編（1979）『教育学大事典』第一法規出版。
宮崎和夫編著（2000）『教職論――教員を志すすべてのひとへ』ミネルヴァ書房。
森下恭光編著（2003）『教師論――教職とその背景』明星大学出版部。
谷田貝公昭・林邦雄・成田國英編（2002）『教師論』一藝社。
米山弘編著（2001）『教師論』玉川大学出版。

第3部

教師の仕事と役割

第1章

教師の仕事と役割

　教師の仕事は、高校卒業まで日々眺めてきた最も身近な職業でありながら、実際に教壇に立たない限り、その実際の内容は意外に見えにくい。授業で教えるという仕事だけでなく、教師の仕事はさまざまな要素から成り立っている。その仕事には学習指導、生徒指導、進路指導などが含まれ、さらに校務といわれる職務も分担する必要がある。また、児童生徒だけでなく、保護者との関係、地域や他校との関係など、児童生徒をとりまく人々との関係に関わるすべてのことに教員は関与することになる。

　教師は、教室での授業以外にもさまざまな仕事をこなしながら、毎日忙しくすごしている。中には、生徒や一般の人には見えない仕事もたくさんある。教師の行っている仕事量は膨大であり、児童生徒への責任を担うだけに複雑な判断が常に求められる。

　本章では、小学校、中学校、高等学校およびその他の諸学校に勤務している教員の職種と階層について述べた上で教師の仕事について解説しよう。現在の学校にはどのような校務があるのかを明らかにするとともに、すべての教員にとって共通していると考えられる校務の職務内容について述べる。学習指導、生徒指導、学校運営などについても説明する。

第1節　教員の種類と階層

1　種類

　学校教育法第一条によると、「学校とは、幼稚園、小学校、中学校、高等学校、中等教育学校、特別支援学校、大学及び高等専門学校とする」と定義されている。一般にこれらの学校のことを「一条校」とよんでいる。本章では、これら一条校の中でも小学校、中学校、高等学校および幼稚園で教育に従事する職員のことを教員として扱うことにする。したがって同じ一条校であっても上記以外の大学や高等専門学校の教員、あるいは専修学校のように一条校でない学校の教員については、とくに記さない限り含まないものとする。

　さて、教員には多くの種類がある。各職務の概略は次のようになる。
① 　校長・・・校長は校務をつかさどり、所属職員を監督する
② 　教頭・・・教頭は校長の職務を助け、事故あるときは校長の職務を代理する
③ 　教諭・・・教諭は児童（生徒）の教育をつかさどる
④ 　養護教諭・・・養護教諭は児童（生徒）の養護をつかさどる
⑤ 　助教諭・・・教諭の職務を助ける
⑥ 　講師は、教諭または助教諭に準じる職務に従事する。常勤講師と非常勤講師の2種に大別できる

　なお、改正学校教育法（2008年4月に施行）により、副校長、主幹教諭、指導教諭を幼稚園、小学校、中学校、高等学校、中等教育学校、特別支援学校に置けるようになった。
　・副校長・・・校長を助け、命を受けて校務をつかさどる
　・主幹教諭・・・校長、副校長、教頭を助け、命を受けて校務の一部を整理し、児童の教育などをつかさどる
　・指導教諭・・・児童の教育をつかさどり、教諭など職員に教育指導の改善や充実のため必要な指導・助言を行う

2 階層

　次に教員の職階について述べよう。役所や民間の事業所に比べて、教員の職務上の階層差は大きくない。一般の事業所であれば、社員、主任、係長、課長、部長など多くの階層があり、その職務も上位になればなるほど責任や権限が大きくなっていき、職業経験や所属部署によって仕事の内容も異なる。これに対し、学校という職場では、校長、教頭、教諭という職務上の階層があるだけである。一般職の公務員や事業所に勤務する勤労者と比べて、教員の自由度は大きい。これは、教育という仕事の重要性と児童や生徒という未成年を相手にする場合が多いためである。

　日々の教育活動は校長の監督下にあり、学習指導要領により指導内容が規定されているといっても、教科指導や教科外指導において教員が自由に工夫できる部分は多い。それだけ教員の自主的な取り組みが要求されるということを忘れてはならない。また、対象が未成年者であるだけに、教員はその職務に謙虚であることが要求される。

　校長や教頭も教員免許状を持ち、教壇に立って教師として教えていた経験を持っており、児童生徒を教育するという点では、同じ仕事を生涯繰り返し行っている。教職とは、この経験の積み重ねの中で、専門家としての豊かな力量を身につけていくことのできる仕事であるともいえよう。教員は毎年多くの児童生徒と出会い、学校の中で3年なり6年間にわたって児童生徒の成長に立ち会っていくことができる。そして、児童生徒にとって、一人の教員との出会いが成長にとってプラスにも、時にはマイナスにもなるような大きな影響力をもっている。

第2節　カリキュラムと教師の役割

1　教育課程の編成

　教師の仕事は、カリキュラムを媒介として遂行される。カリキュラムと

いう言葉は、一般に「教育課程」と翻訳される。教育課程は、「学校教育の目的や目標を達成するために、教育の内容を児童生徒の心身の発達に応じ、授業時数との関連において総合的に組織した学校の教育計画」のことである。その領域は、各教科、道徳（高等学校の場合は除かれる）、特別活動、総合的な学習の時間からなる。

　これは年度ごとに各学校によって編成されるが、学校がまったく自主的に独自の教育課程を編成することが許されているわけではない。その編成に際しては、法令および学習指導要領に従うこと、地域や学校の実態に即することが要請されている。

　教育課程の編成主体は各学校ないしは校長であるが、その編成に際しては、児童生徒の実態を具体的に理解し、実際の教育活動を展開している個々の教師も関わることになる。たとえば、教育課程委員会や学年会などの校内組織のメンバーとして関係領域の編成を担う。

　また、教育課程をより具体化して、指導目標、指導内容、指導手順、指導方法、使用教材、指導の時間割などを定めたものを、指導計画と呼ぶ。指導計画は、長期計画（年間計画、学期計画、月間計画）、短期計画（週案、日案）に分類される。これは、教師の教育指導のためのシナリオであり、その作成は教師の重要な役割である。

　以上、教育課程という用語が、一般に、教師の実践に先立って定められた教育内容の組織を意味しており、文部科学省の定めた学習指導要領や教科書を意味していることが多いということについて述べた。

　しかし、カリキュラムという用語は、教師の実践に先立って定められている公的な枠組みや教育計画だけを示しているわけではない。20世紀初頭デューイを中心とする教育改革者たちは、カリキュラムを「学びの経験の総体」と再定義し、カリキュラムの改造を学校教育の改造運動として展開した。こうして、カリキュラムの概念は、今日、教師と子どもが学校において経験する「学びの経験の総体」という意味で使用されている。教師の仕事を考えるとき、実践的により重要なのは、「学びの経験の総体」としてのカリキュラムである（佐藤学、1996）。

2 「学びの経験の総体」としてのカリキュラム

すでに述べたように、カリキュラムは授業に先立って作成された「計画」と認識されがちである。しかし、学びの経験の総体としてのカリキュラムは、教師の授業や子どもの学びやその評価も含む包括的な概念であり、年度始めの4月に作成されるのではなく、年度の終りの3月に完成されるものとして認識されなければならない。以下、佐藤学（2006）の議論によりながら、「学びの経験の総体」としてのカリキュラムについて述べよう。

カリキュラムのデザインは、単元を単位として行われる。単元とは教材と学びの経験のひとまとまりの組織であり、教科（領域）のカリキュラムはいくつかの大単元によって組織されている。単元の組織には、大別して2つの様式がある。

①「目標―達成―評価」を単位とする様式。最初に到達目標を具体的に示し、次にその目標を達成するように教材と学習活動を組織し、最後に目標を達成できたかをテストで測定する様式である。学びの「効率性」の追求に適した単元の様式であり、「階段型カリキュラムの単元」とよぶことができる。②「主題―探求―表現」を単位とする様式。単元の中心となる主題を定め、次に主題に接近する教材と学習活動を組織し、最後に学びの経験をレポートや発表で表現する様式である。学びの「発展性」に適した単元の様式であり、「登山型カリキュラムの単元」とよぶことができる。

②の「主題―探求―表現」の様式で構成される単元は、「プロジェクト単元」ともよばれる。総合学習のみならず教科学習においても同様に「プロジェクト単元」によって学びをデザインしカリキュラムを創造する活動は、教師の中心的な仕事のひとつである。

これまでのカリキュラム開発は、中央の行政機関や研究機関がカリキュラムを研究して開発し、その開発されたプログラムを学校現場に普及する「研究―開発―普及モデル」が支配的であった。それは、どんな教師にも耐えられる「耐教師性」（teacher-proof）のあるプログラムを志向していた。しかし、「耐教師性」のあるプログラムは、教師と子どもの創造性を限定し画一化する傾向を持っている。

これからの教師に求められるのは、「耐教師性」のあるプログラムの遂行能力でなく、むしろ教室において教材の発展性を洞察し子どもの学びをデザインする「プロジェクト単元」によるカリキュラムの創造である。
　教室を基盤として遂行されるカリキュラム開発は「実践―批評―開発モデル」として提示することができる。カリキュラムの創造の主体は教師と子どもであり、創造の場所は教室である。そして「研究―開発―普及モデル」において開発されるのが「耐教師性」のあるプログラムであるのに対し、「実践―批評―開発モデル」において開発されるのは、プログラムというよりはむしろ教師の専門家としての力量である。
　今日、多くの教室で子どもの学びあいを中心に授業とカリキュラムを再構成する試みが普及しているが、そこでは、「目標―達成―評価」モデルから、「主題―探求―表現」モデルへの転換が進められている。新学習指導要領において提起されている「総合学習」の実践も、「主題―探求―表現」モデルのカリキュラムづくりであると見ることができる。
　高井良健一は、どのような教師であっても効果的な教育を生み出すことのできるカリキュラム、すなわち「耐教師性」のあるカリキュラムの開発は失敗に終ったと述べ、教師を単なる知識の伝達者とみなした教授―学習理論の誤りを指摘している。授業において教師は、知識の伝達のみならず、生徒同士の学びあいを促進したり、そこでの発見を通して新たな問いを設定するなど、さまざまな次元で知的な営みを行っている。高井良が指摘するように、どのようにカリキュラムが工夫されたとしても、それらが学び手の学びとして実現されるためには、教師という媒介が必要である。教師はカリキュラムと子どもたちの学びの結節点に位置して、学びをコーディネートするという重要な役割を果たしている（高井良、2007）。

第1章　教師の仕事と役割　149

第3節　学習指導

1　学習指導の目的

　学習指導の目的は、子どもに学力をつけることであると一般に考えられている。しかし、どんな学力をつけるのかが問題である。

　わが国において、学力低下をめぐる大きな論議は、1950年代、70年代、90年代と戦後3回起きており、そのたびに学力とは何かという学力観そのものも論議の対象となった。したがって、学力について統一された定義はまだないが、学力テストの成績（学習到達度）としてとらえるだけでなく、学習によって身につける知識・能力・技能・態度などの総体として、すなわち、「学んだ力」を測るだけでなく、「学ぶ力」や、「学ぼうとする力」をも含めて考えようとする傾向が強まっている。文部科学省の「関心・意欲・態度」を重視する「新学力観」、国際教育到達度評価学会（IEA）の国際調査でテスト成績だけでなく、数学・理科に対する関心・態度を調べているのもその現れといえる。

　学力とは、テストでよい成績を取る力だという常識的な見方がある。しかし、テスト成績で競争させる教育は、勝者とともに敗者をつくり、自信を失って学習から離れていく子どもをもつくりだす。学習指導においてより大切なことは、学習でよい結果をもたらす過程の指導であり、結果そのものの質的内容を問うことである。成績の悪い子に「もっと勉強せよ」というのではなく、「このように勉強したらどうか」と効果的な学び方を指導し、子どもに自ら学ぶ力をつけるのが、教師の本来の務めであろう。学校においては、自ら学ぶ力の指導を中核にしながら、基礎的知識・技能とともに問題解決の技術や思考力を育て、しかもそのなかで学ぼうとする意欲をも高めることが大切である。

　「ゆとり」の中で「生きる力」をはぐくむことを理念とする現行の学習指導要領の学力観については、さまざまな議論が提起されている。しかし、基礎的な知識、技能の育成と自ら学ぶ力の育成とは、対立的にとらえるべ

150　第3部　教師の仕事と役割

きものではなく、この両方を総合的に育成することが必要であろう。これからの社会においては、自ら考え、判断し、表現し、行動できる力を備えた社会人を育成することがますます重要となると考えられるからである。

　ここで、わが国の子どもたちの学力の現状についてふれておきたい。

　わが国の子どもたちの学力は、国際的に見たとき、成績は上位にあるものの、1. 判断力や表現力が十分に身についていないこと、2. 勉強が好きだと思う子どもが少ないなど、学習意欲が必ずしも高くないこと、3. 学校の授業以外の勉強時間が少ないなど、学習の習慣が十分身についてないことなどの点で課題が指摘されている。また、子どもたちの学びを支える自然体験や生活体験が不足し、人やものと関わる力が低下しているなどの課題も明らかになっている。文部科学省による学校教育に関する意識調査（平成15年度実施）によれば、学校生活の満足度、授業の理解度はともに学校段階が上がるにつれて低下しているようである（**図表1-1a、1b**）。

2　学習指導と授業

　学習指導とは、授業を中心に教材を媒介として教師と児童生徒の相互作用の過程で展開される教育活動である。とくに、授業は教師にとって最も重要な仕事である。

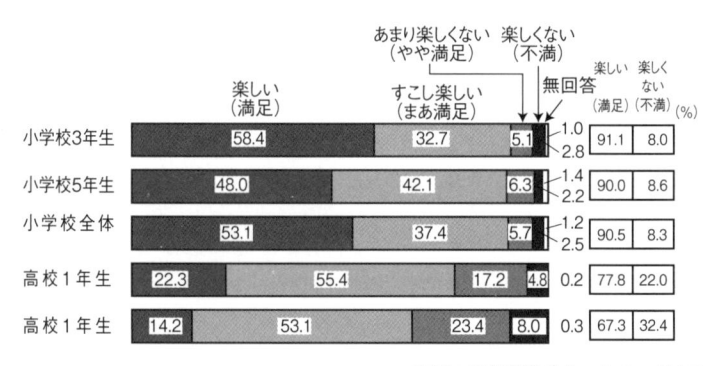

	楽しい（満足）	すこし楽しい（まあ満足）	あまり楽しくない（やや満足）	楽しくない（不満）	無回答	楽しい（満足）	楽しくない（不満） (%)
小学校3年生	58.4	32.7	5.1	1.0 / 2.8		91.1	8.0
小学校5年生	48.0	42.1	6.3	1.4 / 2.2		90.0	8.6
小学校全体	53.1	37.4	5.7	1.2 / 2.5		90.5	8.3
高校1年生	22.3	55.4	17.2	4.8	0.2	77.8	22.0
高校1年生	14.2	53.1	23.4	8.0	0.3	67.3	32.4

出所：文部科学省ホームページより

図表1-1a　学校生活への満足度

第1章　教師の仕事と役割　151

	よくわかる	だいたいわかる	わかることとわからないことが半分くらいずある	わからないことが多い	ほとんどわからない	無回答	わかる(計)	わからない(計) (%)
小学校3年生	25.0	44.7		22.8	4.0	2.2 / 1.3	69.7	5.3
小学校5年生	20.7	48.8		24.5	3.9	0.8 / 1.2	69.5	5.1
小学校全体	22.8	46.8		23.7	4.0	1.5 / 1.3	69.6	5.2
高校1年生	7.8	44.0	35.0		9.8	0.7 / 2.7	51.8	12.5
高校1年生	2.1	30.1	47.1		17.1	0.2 / 3.4	32.3	20.5

出所：文部科学省ホームページより

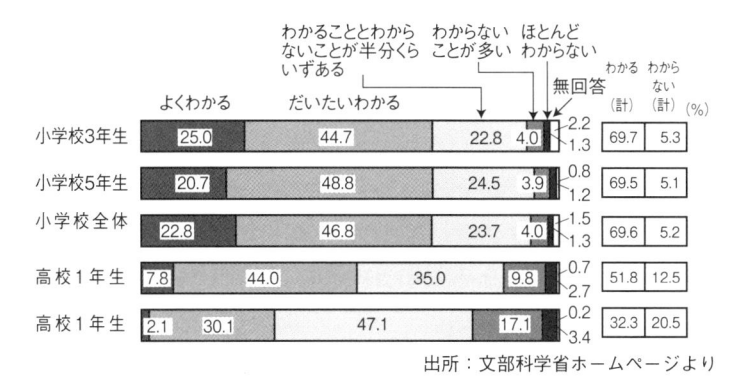

図表1-1b　学校の授業の理解度

　ここで、授業というわが国独特の用語について説明しておきたい。授業は、広い内容を包み込んだ言葉である。もっとも多用されるのは、教師の教授活動をさす場合（授業が上手である）であり、その場合は教授（teaching）と同義である。過程に焦点をおいて見る場合には、教授＝学習過程と同義（授業が活発である）である。教材に力点を置いて見る場合は、課業と同義である。（授業がおもしろい）。また、時間割の1単位時間あるいはその中身をさす場合もある（授業がはじまる）。

　授業で教師は、①教材を提示する働きかけと、②子どもの思考活動を刺激して、子どもが教材理解を深めるのを援助する働きかけを行っている。以下、佐藤晴雄（2001）にしたがって授業のポイントについて述べよう。

① 授業の設計。授業では、一回ごとに目標が設定されるが、これは単元の目標を児童生徒の状況に即して具体化したものである。目標を最も効果的に達成させるために、教師は学習内容、教材、メディア、指導方法、学習の場所、学習形態、学習時間などの要素を決定し、授業の設計を行う。設計された授業は、「学習指導（授業）案」に示されるが、教師は「学習指導（授業）案」にすべて拘束されるのではなく、児童生徒の反応を見極めながら適宜、変更を加えつつ授業を展開していく必要がある。

② 教科書と教材。学校教育法によって、教師は教科書を必ず使用する

ように定められているが、教科書以外にも適切な教材を使用できる。補助教材として、ワークブック、ドリル、副読本などがある。教科書や各種の補助教材をいかに効果的に活用するかは教師の力量しだいである。

③ テストと評価。テストは児童生徒の学力の定着度を評価するために、授業の一環として実施される。教育評価はテストなどの学習結果に基づいて行われ、その実施時期から、診断的評価、形成的評価、総括的評価に分類される。

　診断的評価は、授業に先立って実施され、現時点での児童生徒の学習到達度をあらかじめ把握することを目的としている。形成的評価は、学習の途中で実施され、学習活動の改善や指導方法の修正を目的とする。総括的評価は、学期末や学年末に実施され、最終的な学習到達度をあきらかにするための評価である。通知表は学期や学年の総括的評価の結果を記したものである。

　教育評価は、相対評価と絶対評価に分けられる。相対評価は、集団における児童生徒の学業の相対的位置を5段階や3段階などで示すものである。絶対評価は、個々の児童生徒の学習状況を段階や点数で表すものである。現在、小中学校では絶対評価を加味した相対評価によって学習を評定している。

3　授業をデザインする

　前述したように、授業に関する教師の仕事は、授業の計画を立て (plan)、授業を行い (do) そして評価する (see) ことだと考えられてきた。しかし、授業は実際には行ってみなければどう展開するかわからない複雑で未知なものである。さまざまな出来事がからみあい、時間の流れの中でその様相を変えていく授業における教師の仕事を藤江康彦 (2006) にしたがって「授業のデザイン」ととらえてみよう。

　授業をデザインするということは、教師があらかじめたてた計画通りに子どもを操作し、動かすことではない。それは、子ども一人ひとりの学び

のストーリーを大切にしながら、それらを編み上げてシナリオを作る作業であり、シナリオを編み上げてはほどき、また新しく編み上げることを繰り返すことである。

　授業をデザインする教師の仕事の中で重要なのは、①テーマを設定する　②コミュニケーションを組織する　③認識を共有する、の3点である。授業は、テーマをめぐって展開されるコミュニケーションを通して、教師と子どもの間で認識が共有される過程であるといえるからである。

　①　テーマを設定するために、教師はまず、自らの願いすなわち授業で大切にしたいことや子どもの成長に対する期待を明確にしなければならない。次に、子どもの発達課題や既有知識、思いや興味関心、子どもの生活経験やその経験を支える家庭や地域の実情など、子どもの事実の様相を把握する必要がある。さらに、子どもと学校をとりまく人的環境と物的環境についても考慮しなければならない。教室の内外にどのような人がいて、どのような空間が用意され、アクセス可能な情報はどういったものかを把握し、これらと子どもとをどのように関わらせたいかについて考えるのである。

　②　教師は授業において教授者としてだけではなく、教室談話（授業においてなされる話し言葉を用いたやりとり）のマネージメントをしなければならない。授業には多様な生活史を背負い、さまざまな願いをもった子どもが参加しているために、参加者間で意志のぶつかりが生じ、それを調整する必要があるからである。そして教師は、子どもたちの認識を共有させることにむけてコミュニケーションをつながなければならない。

　③　授業は、通常一人の教師と複数の子どもからなる「一対多」の対話の過程として構成されているが、この「多」は「子ども全体」をさしているわけではない。授業はまず、一人ひとりの子どもの学習体験として構成される必要がある。その上で、一人ひとりが交響しあう関係性のもとで組織されなくてはならない。そのために、教師は子どもなりの論理につきあいながら、自らの願いを実現しようとしなければならないだろう。また、子どもの発話を復唱し、学級での共有を図ること、子どもたちの思考の多様性を認め合い、自らの思考を再吟味するような関係性を教室に構築して

いくことが重要な課題となる。

　以上述べたように、授業をデザインすることは、さまざまな学習経験を背負って授業に参加する子どもの多様な願いを敏感に察知し、即興的に対応していく教師と子どもとの共同的な営みである。この日常的に繰り返される営みを通して、教師はさまざまな要因が複雑に絡み合っている問題の構造をとらえ、それに対応していくための見識を身につけていく。授業という曖昧で複雑な営みを日々積み重ねていくことで、教師は実践についての知識を豊かにし、子どもの発達を支援する専門家として成長を遂げていくのである。

第4節　生徒指導と特別活動

1　生徒指導の意義

　学校における教育活動には、教科指導を中心とする広い意味での学習指導と生徒指導がある。生徒指導は、生徒の健全な人格形成を援助する働き一般を指し、学習指導と並んで学校教育の基本的機能とされる。教員と生徒、生徒と生徒の間の理解が深まれば深まるほど、学校は信頼、尊敬といった望ましい人間関係を持った集団として発達すると考えられるからである。

　生徒指導に関しては学習指導要領に相当する基準はないので、学校現場では文部科学省の「生徒指導の手引」や各種指導書に基づいて進められている。「手引」によれば、生徒指導の特質は、①個別的かつ発達的な教育を基礎とすること　②一人ひとりの生徒の人格の価値を尊重し、個性の伸長を図りながら、同時に社会的な資質や行動を高めようとすること　③生徒の現在の生活に即しながら、具体的、実際的な活動としてすすめられるべきこと　④すべての生徒を対象とすること　⑤統合的な活動であることである。すなわち、生徒指導は単なる問題行動の指導にとどまらず、すべての児童生徒の人格形成と学校生活の充実を目的とする教育機能の一つな

のである。

　したがって、生徒指導は学校教育の全教育活動を通して展開されることになる。道徳や特別活動はもちろん、授業の中でも行われる。授業中の児童生徒の態度形成、グループ学習などを通した人間関係の改善も生徒指導の機能としてとらえることができる。生徒指導は、生徒指導主事あるいは生徒指導部の教員だけに任される仕事ではなく、すべての教員が取り組むべき仕事であるといってよい。

　ところで、生徒指導とよく似た語に「生活指導」があるが、ここでこれについてふれておきたい。生活指導は、学校生活のうち、主に教科外活動において子どもの生活態度や行動を、より適切で価値のあるものに高めていくための教師の働きかけをいう。戦前は生活綴方教育の目的を指す語として用いられると同時に、教科外指導を意味していた。戦後は、しつけ、自治活動や特別活動の指導を意味する用語として、あるいはガイダンスの訳語として多義的に用いられてきた。領域的には教育指導、進路指導、社会指導、保健・健康指導、安全指導、余暇指導などを含む広義の概念である。

　今日では、「生活指導」という用語に代わって、「生徒指導」の語が多く用いられるようになってきている。それはとりもなおさず急速な社会変動によって学校自体が大きく変質し、生徒指導が重要な学校教育の課題になってきていることを意味している。

　日本の青少年は、アメリカなどの青少年に比べて自己肯定評価が低いことが指摘されている。しかも教育熱心な地域ほど成績で子どもを評価するために、成績の悪い子の自己評価が極端に低くなっている。低学力問題が大きく取り上げられるようになっている現在、生徒指導に当たっては上記の点を考慮したうえで、児童生徒の自己評価を高める取り組みが不可欠である。

2　特別指導と生徒指導

　すでに述べたように、生徒指導は統合的な活動とされるので授業や学校の日常生活においても行われるが、とりわけ特別活動との関連が強い。特

別活動は、学習指導要領に示された学校における教科外領域の教育活動であり、その前史として1947年版の「自由研究」、1951年版の「教科以外の活動」(小学校)「特別教育活動」(中・高) をあげることができる。

その後、「特別教育活動」は1968年 (小学校)、1969年 (中学校) 以降「特別活動」に改称され、現在に至っている。その内容は、学級活動(高校はホームルーム活動)、児童会活動 (中・高は生徒会活動)、クラブ活動、学校行事であり、心身の調和的発達、個性の伸長、社会的成員としての自覚、自主的自治的実践性、人間としての生き方と自己の探求などを主な目標としている。なお、1998年の学習指導要領の改訂で学校週5日制との関係もあり、「クラブ活動」は中学・高校の教育課程から除外されることになった。

特別活動のうち、学級活動は担任が主に担当するが、その他の活動はすべての教師が役割分担に基づいて行うことになる。また、特別活動には属さないが、教育課程外の部活動の顧問も教師の仕事である。

学級活動は、学級集団を単位として行われるが、生徒会活動や学校行事は、学級や学年の枠を超えた異年齢・異学年の集団の中で行われる。少子化などによって、家庭や地域社会で異年齢の集団の中でさまざまな経験をすることが難しくなっている現在、特別活動に参加することは、人間関係や生活経験が豊富になるという意義を持つ。

以上述べたような活動を通じて、児童生徒は集団生活におけるさまざまな社会的様式を学び、学校における社会化 (人格形成) を遂行していく。したがって、その指導計画は、教師の児童生徒に対する指導のみならず、児童生徒間の相互指導や個別相談などを含み、学級・学校全体の集団的な力量を高めるものでなくてはならない。

3　生徒指導部とスクール・カウンセラー

すでに述べたように、生徒指導は全教員が協力して行うものであるが、生徒指導部の教員の仕事はとくに重要である。主な業務として、服装などの規定の検討、紛失物・拾得物の管理、通学指導、生徒の問題行動への対処、学校行事の際の安全警備、生徒会の風紀委員会、生活委員会の指導な

どである。見廻りや時間外勤務も多い。暴力行為など生徒が問題行動を起こしたときは、すぐに現場に急行して指導し、指導措置案をまとめなくてはならない。生徒指導の分掌に当たる教員は、実にストレスのたまる仕事をこなさなければならないのである。

しかし、最近では、児童生徒の問題行動に対応するためにスクール・カウンセラーが配置される学校が多くなってきている。スクール・カウンセラーは、児童生徒だけでなく保護者まで含めたカウンセリングや、教員への助言を行う臨床心理の専門家である。日本においては、1995年に文部省の「スクール・カウンセラー活用調査研究委託事業」開始によって、はじめて公教育の学校現場に臨床心理士の派遣制度が導入された。スクール・カウンセラーは、学校外部の立場から、学校内部の問題にかかわるだけでなく、地域のなかの学校や子どもの状況、人間関係を把握し、教員や家族、地域住民などに対して相談・助言活動を行うことを期待されている。中学校では、すでに6割以上の学校に配置されており、文部科学省は、今後すべての学校の児童生徒が相談できるよう、その配置の充実を図っていくとしている。

4 懲戒と体罰

児童生徒の問題行動に際しては、教師に懲戒権が認められている。学校教育法第11条は、「校長および教員は、教育上必要があると認めるときは、文部科学大臣の定めるところにより、学生、生徒及び児童に懲戒を加えることができる。ただし、体罰を加えることはできない」と定めている。

懲戒は、訓告、停学、退学に分けられるが、学校の設置者と校種によってその可否が定められている。すなわち、義務教育学校においては、学習権保障の観点から、停学はすべて禁止されているが、退学は私立・国立では可能である。受け皿としての公立学校があるからである。

また、体罰とは肉体的苦痛を伴う懲戒のことを言い、教師による暴力をはじめ正座、直立、トイレに行かせないこと、給食の時間に食事をさせないこと、過度の肉体的疲労を与えることなども該当する。体罰はいかなる

場合も一切禁じられている。教員が体罰を行った場合、公務員法（行政）上の責任、刑事上の責任、民事（損害賠償）上の責任が問われることになる。しかしながら、現実には教師の体罰は拡大しており、子どもの権利委員会は、日本の教育に関する懸念として体罰の残存をあげている。教師の暴力や言葉による威圧や脅しは、断じて許されるべきではなく、児童生徒を暴力の恐怖から解放することは重要な課題であるといってよい。

第5節　教育相談

1　教育相談の意義

　文部省の「生徒指導の手引（改訂版）」（文部省、1981）によると、教育相談とは、一人ひとりの児童生徒の教育上の諸問題について、本人またはその親、教師などに、その望ましいあり方について助言・指導することであり、個人の悩みや困難の解決を援助することにより、その生活によく適応させ、人格の成長への援助をはかるものである。

　現在では、問題を抱えた児童生徒に対してカウンセラーがカウンセリングを行うことが教育相談であると考えられる場合が多いようである。実際このような教育相談は教育委員会や教育研究所付属の教育相談所、または学校に配置されたスクール・カウンセラーによって行われているが、教育相談にはそれ以外にもより広義の活動が含まれている。たとえば、担任教諭や養護教諭、教育相談係による問題を抱えた児童生徒やその親に対する指導・助言、すべての児童生徒に対する学業相談や進路指導、さらにはカウンセラーや教育相談係による教員への助言なども教育相談の活動に含まれる。

　このように多様な活動が含まれているということ自体が、教育相談のあり方を表しているといえる。つまり教育相談とは、教員やカウンセラーが児童生徒に対して働きかけることだけを意味するのではなく、本人はもとよりその親や複数の教員、カウンセラーなどが相互に働きかけることに

よって児童生徒の成長を助けようとする活動を意味している。

今日の学校には、不登校、いじめ、校内暴力、学級崩壊など、さまざまな問題が山積している。家庭の問題や学習に対する困難を抱えた児童生徒も多い。既存の価値観が大きく揺らぐ時代にあって、現在は従来の生徒指導で十分な子どもたちも、将来、カウンセリングを必要とする不適応状態になりかねない環境下におかれている。このような状況の中で子どもたちへの教師の関わり、指導は、大変むずかしいものになってきている。とりわけ問題行動には従来のような、指示、命令、説諭、叱責などだけでは、その行動を変えたり、好ましい方向に導いたりすることは不可能である。

また、心の問題や葛藤が問題行動に行動化されるだけでなく、神経症や心身症のように内面化、身体化してしまう児童生徒も増加している。このような子どもたちには、カウンセリングも含め、精神保健や精神医学の専門的な知識も必要になってくるだろう。

以上述べたような状況の中で、これからの教師には、従来の生徒指導の方法に加え、教育相談の役割を正確に理解し、適切な教育相談活動を行っていくことと、精神保健の知見を習得していくことが求められている。

2 カウンセリングマインド

学校における教育相談は、教員が日常の教育活動のなかで、カウンセリングマインドを生かして、児童生徒のメンタルヘルスに関わる指導、援助を行うことを目的としている。

カウンセリングマインドとは、カウンセラーとクライエント(来談者)との間に、信頼関係を築き、クライエントが安心して自己理解、自己受容を促進できるようなカウンセリング的な姿勢、心構えのことである。カウンセラーには、クライエントを一人の人間として尊重し、認め、温かく受け入れる態度が要求される。ロジャーズ(Rogers, C. R., 1902-1987)は、カウンセラーの心構えとして、自己一致(自分自身の本音に忠実に動くこと)、共感的理解、無条件の肯定的配慮の3条件を挙げている。

共感的理解や、児童生徒の自己成長力を信頼し、その人格的発達を援助

する姿勢が、カウンセリングマインドの本質であると考えられる。それは、人を安心させ、相手が自分で自分のことを考えることができるための雰囲気を持ち、相手に共感し、相手がどのような態度をとっても揺るがず、成長を見守って待っていることができることである。このような姿勢を身につけるために、専門のカウンセラーは多くの訓練をつんでいるのであり、簡単に身につけられるものではないだろう。しかし、この態度を終始意識することによって、本格的なカウンセリングはできないまでも、カウンセリング効果は十分に期待できると考えられる。

　以下、その態度、構えについて述べよう。①受容的態度。自由で許容的な雰囲気の中で、児童生徒の感情を心から理解し、受け入れること　②共感的態度。先入観を排除し、児童生徒の感情をあたかも自分の気持ち、感情のように感じること　③積極的傾聴。児童生徒の言葉を単純に聞くのではなく、心から積極的に耳を傾けること。

　以上述べたようなカウンセリングマインドで生徒に接するということは、教員が生徒指導上実践している、説教や解釈、評価、説諭などと対極の行為であるといえる。教員の役割を持つ以上、これらの態度を適宜とるということは大変難しいが、日常的な関わりの中で、カウンセリングマインドをどれだけ活用できるかがこれからの生徒指導の成否におおいに関係するだろう。

3　カウンセラー役割と教師役割

　すでにのべたように、カウンセラーと教師は、子どもの心身の健全な成長のために努力するという役割においては共通しており、教育活動にカウンセリング的な見方を加えることは大きな意味を持っている。しかしながら、教師と子どもの関係は、カウンセラーとクライエントとの関係とは異なる。また、学校という場は、相談室という空間とはまた違った意味を持つ。このような状況の中で、教師がカウンセラー役を兼ねることの難しさについて、以下伊藤美奈子（2006）の議論を参考に考えてみよう。

　①「個と集団のジレンマ」という問題。カウンセリングの基本は個人で

あるが、教師はクラスという集団を相手にしなければならない。個々の子どもの思いがクラス全体の方向とずれることもあるし、一人をじっくりと待つことが全体の歩みを止めてしまうこともある。しかし、全体を見ながらも一人ひとりに配慮することは、教育においても重要な視点である。②「評価される立場」と「評価する立場」という上下関係。人は誰しも、自分を評価する者に自らの弱い部分を語ることに抵抗を感じるものである。教師は体力的にも権力的にも子どもの上に立っていること、教師と子どもの間には溝が存在することを自覚し、そこからスタートすることが大切である。ときには教師のほうから溝を越え、子どもに寄り添うことも必要となるだろう。③「支配の構造」がもたらす危険性。教師の使命感が度を過ぎて、「子どものために」という名目で子どもを支配し、心の中にまで土足で踏み込むような対応に陥ることがある。こうした罠に陥らないために、教師が心得ておくべきことは、子どもを人間として最大限に尊重することである。また、子どもを理解すると同時に大切なことは、教師が自分自身を理解するということである。自分自身の心の闇（欠点や弱み、コンプレックスなど）を把握していないと、人の話を冷静に聞くことはできない。自分の限界、教師としての限界をわきまえることが大切である。

　教室は、相談室のように「守りの枠」をもっていない。時間的にも空間的にも守りのない中で、心の深い部分に触れていくことは危険な作業である。学校現場では、子どもの心に寄り添いながらも、日常生活の中でおきる勉強や進路選択など現実的な問題に対する具体的な対応を考えることが重要である。

第6節　学校運営

1　学年経営

　わが国では、同一年齢の児童生徒によって学年を構成し、教育を行なっている。学習指導要領でも教育課程は、基本的に学年ごとに編成されるこ

とになっている。そこで学校経営と学級経営との中間に位置する学年の経営がもとめられ、学年主任がその任務を遂行する。1975年に学校教育法施行規則の一部改正により、主任制度が法制化され、教科指導および生活指導の両面にわたり、学年主任の果たす役割が重視されるようになった。さらに2002年から実施の「総合的な学習の時間」の内容や運営を学年で協議して決めたり、小人数指導や習熟度別指導で学級を解体し、加配された教員を加えて新たな学習集団を構成し、指導にあたる場合などには、学年経営のあり方がいっそう重要な意義を持つことになる。

「学年経営計画」は、まず、学校教育の目的の実現に向けて具体的な形で表現された教育目標の達成に向けて、学年ごとの児童生徒の成長発達の状態を踏まえて、教育上の課題設定を学年ごとに行う。次に、その課題の解決に向けて学年ごとの経営計画を、たとえば、学習指導、生徒指導、進路指導というように分野別に指導の具体目標を設定し、それらのそれぞれに対する評価の観点を定めるなどして作成される。

この「学年経営計画」は、学年主任、その学年の学級担任の教員によって構成される「学年会」において検討され、作成される。これに基づいて、各学級の指導計画がより細やかに、より具体的に立てられることになる。

2 学級経営

学級は学校教育を展開する上での基礎的集団である。教科指導や生活指導の効果は、学級担任の教師と子ども、および子どもどうしの人間関係が良くて、手段としての集団としてのまとまりがあるかによって大きく左右される。このような学級の教育目的を効果的に達成するために教師が行う学級づくりや学級生活の運営を学級経営という。

学級経営の内容は、以下の3点に分けることができる。①学級集団の経営。「学級びらき」から始まって、新しく学級に編成された子どもたちをよく組織された自主的な集団にまとめあげるための活動である。②学級の教育課程の経営。学級の教育目標を達成するために一年間の教育計画、学級行事、基礎的学習のしつけなどについて具体的な目標を示し、指導の徹

底を図ることである。③教室環境の経営。教室の採光、換気、室温、掃除などについて、子どもたちの協力を得ながら居心地のよい教室環境づくりにつとめることである。

　学級担任は、教科担任としての指導以外に一般に教員1名で40名程度の生徒を預かり、それぞれの生徒の日々の学校生活に大きなかかわりを持つ。担任を持つことにより、生徒指導、進路指導などさまざまな校務が生徒の教育にどのように関連しているかといった学校全体の問題が理解できるし、地域や親との関係も深まる。教員は担任を経験して初めてプロの教員になれるという考えもある。しかし、現在では学級崩壊などの問題もあり、担任の仕事は、楽しみと苦労の連続であるということができる。

3　校務分掌

　学校は一つの組織体であり、校長を責任者にしてさまざまな役割が決まっている。これが校務分掌といわれるものである。

　この校務分掌は、法律（学校教育法施行規則）によって、教務主任、学年主任、保健主事などを置くことが定められているほかは、それぞれの学校ごとにどのような組織にするのかを決めている。つまり、どの学校も一律にこうでなければならないと決まったものはなく、学校種や規模、運営方針の違いによって、さまざまな校務分掌の形がある。

　おおむね、どの学校にもある分掌としては教務、生徒指導、進路指導、保健などをあげることができる。ただし、ひとくちに進路指導といっても、その学校の生徒の進路選択の状況によって、分掌を担当する教員の仕事の量も内容も違ってくる。つまり、校務分掌というのは、その学校の教育活動の実態と必要に応じて作られ、変わっていく組織だといえる。

　校務分掌の縦の組織としては校長、教頭、教務部、生徒指導部、進路指導部の主任と学年主任から構成される運営委員会がある。この運営委員会、学校によっては主任会といわれるものが日常的な学校運営の連絡調整を行う機関である。職員会議は月に1回程度開かれることが多いが、この運営委員会は毎週定期的に開かれていることが多い。

また、横の組織として各種委員会と職員会議がある。各種委員会は、分掌で扱うことのなじまない分野や、複数分掌にまたがる業務について扱う組織である。入試選抜委員会や教育課程検討委員会など期限を決めて置かれるものと、IT 委員会やいじめ対策委員会などのように常設されるものとがある。

職員会議は、学校経営を円滑・効果的に行うために全教職員を構成員として行われる会議である。職員会議の性格についてはさまざまな議論があったが、2000 年 1 月に交付された学校教育法施行規則一部改正により、職員会議は「校長の職務の円滑な執行に資するため」に置かれるもので、「校長が主催する」ものとされ、校長の意思決定の補助機関となった。これに対しては、民主的な学校経営を否定するものではないかという批判もある。いずれにせよ、校長には確固たる教育理念に基づくリーダーシップが求められることは確かである。しかし、学校の教育目標の設定や具体的な教育計画の策定には実際の教育活動に携わる教職員の同意が必要であり、職員会議が有効に活用されることなしには、円滑な学校経営が成り立たないこ

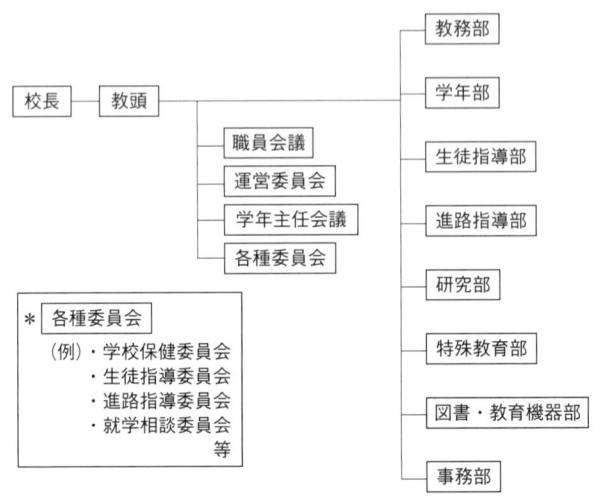

出所:『教職と人間形成』72 頁より

図表 1-2　中学校の校務分掌の組織図例

とには変わりはないだろう（職員会議に関して詳細は第3部第3章第1節校長の役割と権限を参照のこと）。

　各教員はこの校務分掌上のどれかの部署に配置される。この配置の決定は毎年、年度始めに職員会議などで学校長から発表されるのが通例である。

　伊藤一雄（2000）によると、小規模な学校では幾つも分掌を兼務しなくてはならない。とくに中学校でその傾向が強い。担任業務と生徒指導、あるいは進路指導などである。大規模な学校の場合は担任なら担任だけ、校務分掌の生徒指導なら指導部員としての任務に就くだけのことが多い。小規模校の特徴は、多くの分掌を経験し、表面だけでは見えない、その業務の内容が理解できることである。たとえば高校の場合、普通科の大規模校だけを経験した教員と、定時制や分校などの小規模校や工業高校などの専門学校で生徒指導に苦労した経験をした教員とでは、その指導観にずいぶん違いがあるようである。定時制の高校の教壇に立つ経験などは、一度も他の職につかずに教員になった人たちにとっては貴重な経験になるだろう。

〈参考・引用文献〉
　伊藤美奈子（2006）「子どもを育む」秋田喜代美・佐藤学編『新しい時代の教職入門』有斐閣。
　氏原寛・東山紘久編著（1995）『幼児保育とカウンセリングマインド』ミネルヴァ書房。
　小田豊・森真理編（2004）『教育原理』北大路書房。
　教職問題研究会編（2000）『教職論』ミネルヴァ書房。
　佐藤晴雄（2001）『教職概論』学陽書房。
　佐藤学（1996）『カリキュラムの批評──公共性の再構築へ』世織書房。
　─────（1999）『教育改革をデザインする』岩波書店。
　─────（2006）「カリキュラムをデザインする」秋田喜代美・佐藤学編『新しい時代の教職入門』有斐閣。
　佐野茂（2002）「学校カウンセリングと生徒指導」武安宥・長尾和英編『人間形成のイデア』昭和堂。
　柴田義松・宮坂秀子・森岡修一編（2004）『教職基本用語辞典』学文社。
　高井良健一（2007）「教師研究の現在」『教育学研究第74巻第2号』日本教育学会。
　戸江茂博編（2007）『現代保育論』聖公会出版。

長尾和英編（2004）『教職と人間形成』八千代出版。
藤江康彦（2006）「授業をつくる」秋田喜代美・佐藤学編『新しい時代の教職入門』有斐閣。
八尾坂修監修（2007）『教員をめざす人の本』成美堂出版。

第2章

初等・中等教育と教員

　学校には、幼稚園から大学にいたるまでそれぞれの校種がある。そしてそれぞれの特性に沿って教育を行う必要がある。
　本章では、幼稚園、小学校、中学校および高等学校それぞれの学校の目的、教育目標が達成されるための教員としての望ましい在り方について考究する。教員としての在り方は、いずれの校種の教員においても共通するところが大部分であるが、できうる限り各校種の特性を踏まえながら、望ましい教員の在り方を示してみた。

第1節　幼稚園の教員

1　幼稚園教育の基本と特性

　幼稚園は、満3歳から就学前の幼児が通う施設であり、学校教育法に規定された学校の一種である。平成15年度学校基本調査によると、4歳児の約55％が、5歳児の約58％が幼稚園に通園している。
　幼稚園は小学校との結びつきが従来から強く、場合によっては小学校の準備教育のように考えられることもあるが、このような見方は短絡的である。「幼稚園は義務教育及びその後の教育の基礎を培うものとして、幼児を保育し、幼児の健やかな成長のために適当な環境を与えて、その心身の発達を助長することを目的とする」（学校教育法第22条）と規定されているように、幼児期の特性をふまえながら適切な教育環境を構成し、幼児期

の子どもの心身の健全な成長発達をはかる就学前教育の場である。

　ここで学校教育法において用いられている「保育」という用語について言及しておきたい。保育という語は幼児期に必要な独自の教育のあり方を示しており、early childhood care and education の訳である。これは、環境に主体的に関わることを通してさまざまな概念を学ぶ幼児を「養護（care）」し、「育てる（education）」という、幼児教育独自の概念であり、就学前の子どもの教育を包括した通念となっている。

　幼稚園教育に携わるものは、学校教育法第22条、同法23条および幼稚園教育要領を理解しておく必要がある。とくに、幼稚園教育要領においては、環境による保育、発達の課題に即した保育、遊びを通しての総合的保育など、子どもの個別性、自発性、主体性を尊重した指導法の原理が明らかにされている。

　すでに述べたように、幼稚園は学校教育法を根拠法とする学校である。しかしながら、まだ読み書きのできない子どもたちが通う学校であるから、そこで文化的・社会的価値を伝達する方法も、小学生以上のように言葉や文字を媒介にしたものとは異なる。その伝達の中心が生活と遊びなのである。

　まず、遊びについて述べよう。幼稚園の創始者であるフレーベル（F. W. A. Fröbel, 1782-1852）は、幼児期の活動の中で遊びを最も重視した。それは、遊びこそ幼児の内面的なものの自主的な表現にほかならないからである。遊びにおいて人間の全体が発達し、全人間の最も清純な素質が現れてくる。しっかりと自発的に身体が疲れるまで根気強く遊ぶ子どもは、将来、他人の幸福と自分の幸福に献身する人間になるだろう。遊びの教育的意義を強調したフレーベルは、幼稚園を子どもたちが集団で楽しく遊び作業し、その遊びと作業の中で子どもたちの発達がはかられるところであると考え、幼稚園教育の内容を遊びや作業を中心に組織したのであった。

　わが国では1876年に最初の幼稚園（東京女子師範学校附属幼稚園、現お茶の水女子大学付属幼稚園）が設立された。それ以来130年の歴史を持つ幼稚園教育であるが、遊びが幼児期における重要な学習として位置づけられたのは、平成元年に改訂された幼稚園教育要領においてである。幼児期は発達の特性上、生活の中で身体の活動を通して、すなわち遊びを中心

としてさまざまな概念を獲得していく時期である。幼児期に獲得させたい態度や技能は、その発達の特性上言語を通して教えることができず、幼児自らが環境に関わることを通して身につけていかなければならない。幼児が自ら取り組む遊びには、運動能力、思考力、感性、創造性、人への信頼感や心のバランスを取る力などを培うための内容が含まれている。このようなことから、幼稚園においては幼児の遊びを中心とした生活を展開し、一人一人の幼児が生きていくための基礎となる力を身につけていくことが目標とされている。

次に、生活について述べよう。幼稚園で営まれる生活のほとんどが遊びで占められているとはいうものの、幼稚園での生活は遊びだけで成り立っているわけではない。衣服の着脱、片付け、食事などの生活習慣に関わる活動が遊びと密接に絡み合って、幼稚園での生活が展開されていく。幼稚園における充実した生活のなかで幼児が十分に自己を発揮して得た経験こそが、発達を促すことに役立つのである。

今日では、幼児をとりまく環境の変化に伴い、家庭や地域社会において、幼児が思い切り遊べる時間や空間が少なくなり、友達と触れ合う機会がもちにくくなってきている。幼児の発達にとって、存分に遊べる場、自然と触れ合える環境や友達と関われる環境は重要な意味を持っており、このような環境を十分に保障するために、幼稚園は大きな役割を果たしている。

幼児期は人間形成の基礎が築かれる時期である。幼稚園教育において教師は、幼児と生活をともにしながら幼児の生活する姿を見守り、幼児が発達に必要な経験を得ていくことができるように援助するという大切な役割を担っている。以下、幼稚園教員の役割について述べよう。

2　幼稚園教員の役割

幼稚園の教師は、保護者とともに子どもの最初の教育に与(あずか)る存在である。保護者とともに一人ひとりの子どもの成長を見守り、子どもに寄り添っていくことがまず求められるだろう。

就学前の幼児は、大人の保護や世話や愛情を必要とする存在であり、通

常は家庭でそれを保護者から満たしてもらっているが、家庭から離れて過ごす保育の場でもこうした保護や養護の面が必要である。後述するように、近年、幼稚園の教員の専門性が強調されるようになってきたが、子どもを大切に思う気持ちを背景にして、受け止め、認め、共感し、支え、ほめ、叱り、導き、教えるなどの対応をするという点は、幼稚園の教師も保護者も基本的に変わらない。実際、子どもが喜んで幼稚園に行くのは大好きな先生がいて、毎日快適で楽しい生活を演出してくれるからである。家にいるよりも楽しい遊びが見つかり、友達と一緒に遊ぶ楽しさを味わい、先生から今まで知らなかった新しい遊びを教えてもらう。教師に導かれて子どもは家庭からもう一つ大きな社会に出て行き、自分の住む生活圏を広げていく。幼稚園の教師はそういう役割を担っている。

『幼稚園教育要領』によれば、幼児期の保育は環境を通して行うことを基本としている。教師には、その環境を適切なものとして用意する役割と、幼児一人ひとりの活動が豊かなものとなる働きかけをする役割があり、それらをおろそかにしてはならない。適切な環境を構成する役割とあわせて幼児と関わる教師の役割として以下の5点をあげることができる。

① 幼児の精神的安定の拠り所としての役割。教師の笑顔や存在そのものが幼児の居場所づくりに役立ち、心の安定をもたらす。
② 憧れを形成するモデルとしての役割。教師がある遊びに取り組んでいる姿を示し、その姿を見る幼児が憧れをもち、ひきつけられるように行動することにより、幼児が遊びに取り組むようになる。また、幼児は教師の日々の言動をモデルとして、善悪の判断、いたわりやおもいやりなど多くのことを学んでいく。
③ 幼児との共同作業者、幼児と共鳴する者としての役割。教師が幼児と同じリズムで同じ動きをすること、すなわち共鳴することによって、幼児の活動が活性化する。
④ 幼児の理解者としての役割。教師は幼児一人ひとりのこれまでの生活や遊びの歴史を重ね合わせ、自分のクラスの幼児がどこで誰と何をしているかを視野に入れ、どの幼児に援助が必要かを見極める必要がある。

⑤ 幼児の遊びの援助者としての役割。幼児が遊びのどこに魅力を感じ、どこに困難を感じているかを読み取り、できるだけ幼児が自分で困難を乗り越えようとする気持ちを大切にし、援助のタイミングを考えなければならない。

3　保育者の専門性

　保育という営みは、古来人類の営みとして行われてきたが、その普遍性と自明性ゆえに、専門職としての位置づけを得てこなかった。わが国で保育者の養成が行われるようになったのは、明治に入ってからのことであり、本格的に保育者養成が行われるようになった戦後においても、保育職の専門性はそれほど重視されて来なかった。われわれが保育という営みの重要性を自覚し、保育職の専門性を高めるための働きかけをしていこうとする際に、アメリカの哲学者ドナルド・ショーンの反省的実践家としての専門性の位置づけが参考になるだろう。

　ショーンは、技術的合理性モデルに基づいた専門性の定義が、教育などの専門職的位置づけを阻んできたと主張している。彼によると、専門的な知識は、科学的な理論と技術とを適用して厳格な問題解決を行うという技術的合理性のモデルにおいて基礎づけられてきた。技術的合理性モデルに基づいた場合、「メジャー」な専門家としては医者や法律関係者、事業家、技術者があげられ、「マイナー」な専門家として、ソーシャルワークや教育、神学、都市計画に関わる人たちがあげられる。この「マイナー」な職業とは、その目的が変化すること、明確に定義できないこと、また、実践の制度的な文脈が不安定であること、そして、それゆえに、その職業の知識を体系的で科学的な基礎に基づいて発展させることができないことによって、専門性を確立できないでいるものをいう。ショーンによると、このような「マイナー」とされる職業につく人々は、予測のつかない、不安定で、個別的な、さらに価値が対立するような状況において、直感的かつ芸術的な仕方で実践を行う。そこで、ショーンは、「マイナー」な職業の専門性は、行為の中で反省（省察）（reflection in action）しながら実践を行うという様

式において捉えることができると指摘する。

　実践家は、行為しながらの反省を通じて、実践を繰り返し経験することによって培われてきた暗黙の理解に直面し、批判することができる。そして、不安定で個別的な状況に新しい意味を付与することができる。ショーンは、このような行為の中での反省に基づいた専門性を、反省的実践家（reflective practitioner）モデルとして新たに提示したのである（Schon, D. 1983）。

　佐藤学は、教師の専門性は反省的実践家モデルにおいてその可能性を見出せると指摘しているが、初等中等教育機関の教師と同じように、保育職の専門性もまた、反省的実践家モデルにおいてその可能性をみいだすことができるのではないだろうか（佐藤、1997）。

　保育職は、技術的合理性モデルに照らし合せた場合には、厳密な意味での専門性をもつとはいえない。保育の目的は子どもの育ちを援助することということはできるが、幼稚園における日々の実践の目標は可変的で明確に定義できない場合が多いからである。また、集団としての子どもを対象として保育を行っていても、個々の状況に応じて一人ひとりの子どもに対応していかなければならないし、その対応が次にどのような状況へとつながるかは、ある程度予測はできても完全に予測することは難しい。さらに、一人ひとりの子どもへの対応は、両義的な価値の葛藤を含む。すなわち、個々の子どもの今の姿をそのまま認めるのか、それとも、こうあって欲しいというあるべき方向へと促すのかという二つの価値の葛藤である。

　このような個別性、不安定性、価値の葛藤などによって、幼稚園教員の専門性は、技術的合理性モデルにおいては「マイナー」といわざるをえない。しかしながら、保育職は、日々の保育実践で直面する問題の複雑さと複合性と総合性による不確実性のために、ショーンが推奨する「反省的実践家」としてふさわしい専門職のひとつとして再定義されることができるのではないだろうか。

4　文部科学省が提示した幼稚園教員に求められる専門性

　文部科学省は、2002年6月、幼稚園教員の資質向上に関する報告書「幼稚園教員の資質向上について――自ら学ぶ幼稚園教員のために」を発表した。この報告書では、幼稚園を取り巻く環境の変化についての分析が行われ、今後、幼稚園教員がさらなる専門性を身に付けていく必要があるとの認識が示されている。報告書において具体的に示されている幼稚園教員に求められている専門的資質とは、以下のようなものである。

　①幼児を内面から理解し、総合的に指導する力　②具体的に保育を構想する力、実践力　③得意分野の育成、教員集団の一員としての協同性　④特別な教育的配慮を要する幼児に対応する力　⑤小学校や保育所との連携を推進する力　⑥保護者および地域社会との関係を構築する力　⑦園長など管理職が発揮するリーダーシップ　⑧人権に対する理解などである。

　ここでは、⑤と⑥を取り上げることにする。

　⑤に関しては、幼稚園と小学校の連携について述べる。幼児期のカリキュラムの特徴は、遊びを中心にした総合性であり、幼稚園教育要領においては領域という考え方がとられている。これに対して小学校以上の教育課程は、学習指導要領によって学習すべき基準となる内容と時間が教科ごとに明確に規定されている。幼児教育と小学校以上の教育との間には大きな段差があるといえる。そこで現在、滑らかな接続を志向したカリキュラムの検討が行われ、また、幼稚園、小学校の子どもたちとの間の交流や教師、保護者の連携が行われてきている。

　現在、幼児も児童も同年代の同質の小グループの子どもたちでしか遊ばない傾向がある。したがって、自分と異なる年齢の子どもたちと関わることによって、幼児は遊びの幅を広げ、児童も幼児に伝えたり教えたりすることで自尊心を高めることができる。それは、自分とは違う経験を持った他者と出会い関わる体験、共生の基礎となる経験でもある。

　幼小連携は、準備教育や小学校教育の早期化を幼稚園で行うことではない。そうではなくて、それぞれの時期の子どもたちが今必要とする経験のために行われるものである。そのために幼稚園教員もまた小学校の指導要

領に目を通してみたり、時に小学校の授業を参観したりするなど、小学校教師とともに保育や授業について学んでいくことが望まれる。

⑥に関して、最近は子育て支援、次世代育成支援の観点から幼稚園教員には保護者の悩みを理解し、場合によってはそれを支援するための知識や具体的な対応の仕方なども求められるようになってきている。核家族化された現代の家庭において、母親は孤独な子育てを強いられており、幼稚園教員は子どもにとってだけでなく、母親にとっても心の拠り所になることが求められている。また、卒園児にとって幼稚園は大事な思い出の場所であり、卒園後のOB会なども催されることが増えている。卒園後も含めた地域全体の子育てセンターとしての役割が今後ますます求められるようになるだろう。

第2節　小学校の教員

1　小学校教育の基本と特性

小学校の教員の特性とあり方について考えるためには、学校教育法第29条、第30条ならびに学校教育法施行規則、さらには小学校学習指導要領総則に目を通し、小学校教育の基本と特性について理解を深めることが必要である。小学校教育は、上記の法令などに示すところに従い、各学校において地域の実態や児童の心身の発達段階や特性を十分考慮して、適切な教育課程編成に基づいて、初等普通教育として調和の取れた人間の育成を図ることを目的としている。

教育課程は、国語、社会、算数、理科、生活、音楽、図画工作、家庭及び体育の各教科、道徳ならびに特別活動によって編成されている。小学校教育は、教育課程を実施することにより「生きる力」を育むことをめざしている。そのために、変化の激しい社会に主体的に対応できる力の育成、心豊かで社会性に富み、国際社会に生きていくことができる日本人の育成、基礎・基本の着実な定着を図り、個性を生かす教育の充実によって、自己

教育力の育成を図るなどを重要な教育課題としている。

　小学校においては、各教科をはじめ、総合的な学習や道徳、特別活動のすべてにわたって学級担任が指導することが原則となっている。小学校の対象年齢は6歳から12歳である。まだ、幼少期ともいえるこの年代の子どもたちには、学力の向上という面での教育はもちろんのこと、人格形成の教育についても力を入れる必要がある。そのため小学校では、一人ひとりに対して細やかな指導ができるよう、学級担任制を基本として授業がなされている。

　担任は、ほとんどの教科を教えるだけでなく、学校教育法の「小学校教育の目標」にも記されているように、協調性や人間関係のあり方、衣食住の基本的な日常生活での理解や技能などについての指導も行わなくてはならない。具体的には、登校から下校の間、給食の間も児童と生活をともにし、あらゆる局面で指導を行うことになる。しかも、小学生は学齢によって成長の度合いの差が激しいので、学年に応じた接し方を学んでいく必要もある。小学校教育は、幼稚園教育の基盤に立って、未来をたくましく、人間性豊かに生きていくための基盤づくりであるから小学校教員の責任は、他の校種の教員にもまして大きいといえよう。

2　小学校教員の特性とあり方

　ここでは、主に芦田弘（2004）によりながら小学校の教師のあり方について考えてみよう。

　すでに述べたように小学校といえば、学級担任制で、基本的に1人の担任がすべての教科を指導するのがふつうであった。「学級王国」などという言葉もあり、1人の担任が思い思いに学級経営を行うことが可能であった。しかし、今日では、学級崩壊、学力保障、総合的な学習の導入などによって、閉じられた学級ではなく、開かれた学級が求められるようになった（学級崩壊に関しては後述する）。小学校低学年の細やかな指導を行うために「副担任制」がとられ、中学年では学力格差が大きくならないように教科によってチーム・ティーチングが行われ、高学年ではより専門的に

教科の指導を行うことと、多くの教師が一人ひとりの子どもに関わることを可能にするために、教科担任制が行われている学校が増えてきている。また、総合的な学習の時間の導入によって、学級単位で活動を展開するよりも複数学級や、学年単位で取り組むほうが効率的な場合も多い。

この結果、教師が従来1人で決定できたことも、複数の教員と協力しながら取り組むことが当然のことのようになりつつある。教師間の協力体制、ネットワークが必要となり、独善的に学級経営を行う教師像から、他の教師と協調し、協同して目標の達成に取り組むことのできる教師が求められているといえる。さらに、総合的な学習の時間などの取り組みによっては地域の人々を講師として招くこともある。そのような場合には、地域の人々との連携体制が取れる教師でなければならない。

また、生活科が誕生して以来、繰り返しのドリル学習などによって全員に習熟をはからなければならない基礎・基本とは別に、学習内容の個別化が可能になった。つまり、全員が学習しなくても、個々の子どもの興味・関心に基づき、学習を進めることができるようになったのであり、その結果、教師は「教える」という役割ではなく、子どもの学びを「支援」するという形で関わっていくことが求められるようになった。

この支援としての子どもへのかかわりは、子どもの好き勝手を許すことではない。そうではなくて一人ひとりの子どもの興味や関心を知るとともに、学年としての目標や地域性を考慮して、具体的な活動計画を子どもとともに作成し、子どもとともに学びを進めていくことが重要である。つまり、教師主導ですべてが決定されるのではなく、子どもたちとのこまやかな議論の積み重ねを大切にしながら、活動を計画し、展開し、修正しながら子どもとともに目標へ向かっていく教師の姿が求められている。教師中心ではなく、かといって子ども中心の自由放任でもなく、子どもと教師がともに主体となって学びをすすめていくという発想への切り替えは大変難しい。しかし、生きた学力を育てていくために今最も教師に求められている資質であるということができる。

3　学級崩壊

　「学級崩壊」という現象が全国的に注目されるようになったのは、朝日新聞がこの現象の報道を開始した1998年以降のことである。以後、さまざまな観点からアプローチがこころみられているものの、未だ明確な定義は確立されていないのが現状である。ここでは、古典的な意味での学級経営困難状況や中学校・高等学校でも見られる授業不成立状態と明確に区別し、小学校固有のまったく新しい要素を含む状況としての「学級崩壊」について述べたい。

　尾木直樹は、学級崩壊は「学級王国」の崩壊という側面を持つ小学校固有の現象であるととらえ、「小学校において、授業中、立ち歩きや私語、自己中心的な行動をとる児童によって、学級全体の授業が成立しない現象」と定義している。これに対し、教科担任制を採用する中学校における学級崩壊現象については、むしろ新しい「荒れ」や「授業崩壊」と理解すべきであるとしている（尾木、1999）。

　佐藤学も同様に、学級崩壊現象は、教員が子どもたちの自主性と集団的自治に依存する形で教室をリモート・コントロールする「学級王国」システムの崩壊であり、日本型教室経営システムの転換期に生じている現象であるとしている。学級崩壊の新しい特徴として佐藤があげているのは次の4点である。①子どもたちは何の主張も持たず、ただ幼稚で虚無的に行動している。②大都市の郊外や地方都市の郊外の中間層の人々が住む地域で多発している。③若い教師ではなく、かつての指導法に固執しているベテラン教師が多く苦しんでいる。④多発する学校では、無責任な校長や教師同士の分裂などで学級が崩壊する前に職員室が崩壊している。

　佐藤によれば、現在世界の教室は大きな変貌を遂げつつある。多くの国々において、小学校の教室はもちろん中等教育段階の学校においても、チョークと教科書で進める授業、黒板と教卓を前にして一方向に机と椅子が並べられた教室は、博物館入りしようとしている。新しい教室では二十数人の子どもたちが、いくつかのテーブルで作業を通して協同で学びあっている。授業は一斉授業ではなく、主題を中心に探求する単元学習として組織され

ており、多くの資料が活用されている。このような教室は、世界41カ国の数学と理科の教室の比較調査を行った調査結果（1995）では、中学校2年の教室でも半数近くに及んでいるという。佐藤は、教師が「天皇」として子ども集団をリモート・コントロールする「学級王国」のシステムは、もはや解体すべき時代を迎えていると述べ、日本の教室は、「学級王国」から、新しい教室すなわち共同の活動を通して個と個が学びあう小さな共同体へと転換すべきだと主張している（佐藤、1999）。

現在、各々の都道府県や文部科学省ではさまざまな実態調査を行っており、今後はそうした調査結果に基づいた原因の分析や対策がとられていくことになろう。文部科学省は、複数教師によるチーム・ティーチングを導入することや一人ひとりの可能性を生かした授業づくりなどを奨励している。それらが学級崩壊という現象にどれだけ効果があるかは、今後の課題として残されている。

以上、学級崩壊という現象を通して、これからの小学校にあった新しい秩序や子ども像を探求していくことが重要であるということについて述べた。

第3節　中学校の教員

1　中学校教育の基本と特性

中学校の教員の特性とあり方について考えるためには、まず中学校教育の基本と特性を理解しておく必要がある。理解するための拠り所となるのは、学校教育法第45条、第46条、学校教育法施行規則および中学校学習指導要領総則である。これらの内容を見てみると、中学校教育はあくまでも小学校教育の基礎の上に立って、小学校教育と同様普通教育がなされることにあるとしている。内容的には、将来を担って立つ国家および社会の形成者としての資質を養うことを主眼として、職業人として自立していくことのできる基礎的な知識・技能の習得、自己に応じた進路を自己決定で

きる能力の形成をめざしている。また、社会体験活動を通して、社会人として身に付けていなければならない基本的な資質の育成を大きな目標としている。

　中学校教育の基本はおおよそ以上のようであるが、さらに、中学校教育には、小学校教育と異なる課題がある。この課題についても十分理解しておかなければならない。

　それは、今日の中学生をめぐる状況である。不登校、いじめ、校内暴力、少年犯罪など、子どもをめぐる危機的な現象の大半が中学校を舞台として生じている。たとえば、約12万人の不登校の児童生徒のうち、10万人以上が中学生である。また、近年急激に増加する校内暴力やいじめも中学校を中心に発生している。（平成17年度文部科学省調査）少年犯罪を見ても、その犯罪のほとんどが中学校2年生から高校2年生の間に集中している。このような状況の中で、教科指導とともに生徒指導の充実という課題を抱えながら日々の教育活動を推進していかなければならないのが、中学校教育の重要な課題である。

　平成17年10月に中央教育審議会から出された答申「新しい時代の義務教育を創造する」では、以下のように述べられている。まず、義務教育の目的・理念として、「変革の時代であり、混迷の時代であり、国際競争の時代である。このような時代であるからこそ、一人一人の国民の人格形成と国家・社会の形成者の育成を担う義務教育の役割は重い」。次に、「学ぶ意欲や生活習慣の未確立、後を絶たない問題行動など義務教育をめぐる状況には深刻なものがある。公立学校に対する不満も少なくない」と述べている。そして、新しい義務教育の姿として、「我々の願いは、子どもたちがよく学びよく遊び、心身ともに健やかに育つことである。そのために、質の高い教師が教える学校、生き生きと活気あふれる学校を実現したい。学校の教育力、すなわち『学校力』を強化し、『教師力』を強化し、それを通じて、子どもたちの『人間力』を豊かに育てることが改革の目標である」としている。

　このように今日、義務教育の中でもとりわけ中学校教育の抱える課題が複雑化し多様化しているなかで、学校として生徒の心身の健やかな成長を

目指すこと、そして、高い資質能力を備えた教師が指導にあたり、学校としての教育力すなわち学校力を強化することが、国民の間で期待されている。

2　中学校教員の特性とあり方

(1) 専門教科の指導者としての教員

中学校では、思春期の年頃の子どもが対象となり、より高度な教育が施されることになる。

担任はあるにせよ、小学校とは異なり、クラスの単位にとらわれることなく、それぞれが専門の教科の授業をうけ持つ。教科担任として専門とする教科を指導することが、小学校教員と大きく異なるところである。教員免許状においても指導することのできる教科が特定されている。したがって、中学校の教員は、日頃からその指導する教科についての専門性を高めるよう努力しなければならない。専門誌から最新の情報を仕入れたり、関連する新聞記事を切り抜くなど、教科書の知識に付随する周辺情報の獲得に積極的である必要がある。

雑務といわれる仕事の忙しさのために授業の準備時間を確保することも難しい現状がある中で、教員が授業を行うための参考書だけで授業をする教員もいる。しかし、そのような姿勢では、生徒が興味を持つ授業をすることは不可能である。生徒の信頼を得るためには、担当教科でしっかりとわかりやすい授業を行うことが第一である。自分の授業に責任を持ち、一人でも多くの生徒に学ぶ楽しさを教えたいという気持ちを持つことが大切である（「授業の専門家」を目指すことが教員に第一に要求される適性であるということについては、第1部第2章第3節　教員の適性と社会的使命を参照のこと）。

(2) 生徒との信頼関係

すでに述べたように中学校の教員は、授業以外には、生徒指導や部活動の顧問などの役割があり、それにくわえて校務分掌をはじめさまざまな学

校行事の運営など、とにかく仕事の幅が広いのが特徴である。クラス担任になれば、進路指導も重要な仕事になる（進路指導については、第1部第3章を参照のこと）。担任はそれらの仕事を通じて、生徒との信頼関係を形成することに努力しなければならない。

　中学生は、児童期から青年期への過渡的な時期にある。子どもから大人へとさしかかる過渡期にあって、自立心の裏返しである反抗心が頭をもたげてくる頃でもある。情緒不安定で中途半端や極端な行動が多くなり、拘束や干渉を嫌い、周囲に対する否定的な態度が強くなる。その一方で、成長に向かってさまざまなことに興味を持ち、多くを吸収していこうとする意欲も旺盛になってくる。この時期の生徒は、感受性が非常に高く、身近にいる教員の言動に敏感に反応する。中学校の教員は、自らの言動が、他の校種の教員の言動にもまして生徒の成長に大きな影響を与えていることを十分認識しなければならない。誠意と熱意があれば、それはおのずと生徒に伝わり、深い信頼関係を築くことができる。

　また、中学生の時期は悩み多い時期でもある。中学生の心は身体の成長に比例して、学業、友達との人間関係、部活動、家庭のことなどでさまざまなストレスを抱えている。ごく普通の子どもであっても、その内面は複雑でさまざまな葛藤や不満が充満している。大人と子どものはざまで揺れ動く、多感な生徒たちの「よき理解者、よき相談相手」になるために、教員はカウンセリングの基本について習熟しておく必要があるだろう。カウンセリング技術の習得そのものは困難であろうが、技術を支えるカウンセリングマインドは身につけておきたい。生徒の可能性を信頼し、生徒の立場に立って、生徒の考え方・感じ方を共感的に理解するなどのカウンセリングマインドをもって生徒に対応していくことが、中学校の教員に求められている（カウンセリングマインドおよび教師とカウンセラー役割については、第3部第1章第5節を参照のこと）。

第4節　高等学校の教員

1　高等学校教育の目的と目標

　高等学校の教育は、学校教育法第50条、第51条に明示されているとおり、「中学校における基礎の上に」「高等普通教育及び専門教育を施す」ことが目的であり、それを実現するための目標は次の三つである。
① 中学校における教育の成果をさらに発展拡充させて、国家及び社会の有用な形成者として必要な資質を養うこと。
② 社会において果たさなければならない使命の自覚に基づき、個性に応じて将来の進路を決定させ、一般的な教養を高め、専門的な技能に習熟させること。
③ 社会について、広く深い理解と健全な批判力を養い、個性の確立に努めること。

　現在進学率97％という実態によって、高等学校はあらためて国民（青年期）に共通に必要とされる現代的教養すなわち高等普通教育と専門教育を実質的に統一する普通教育の創造という課題に直面している。今後、国民共通の現代的教養の理念とその内実についてのコンセンサスが必要であり、そしてそれをもとに高等学校段階における「普通教育」を小学校・中学校における「基礎」のうえに位置づけるとともに、従来の専門教育と普通教育を真の意味での教養に位置づけることが必要とされるだろう。

2　中学校と高等学校の接続

　学習指導要領によって中央集権的に統制された日本の学校は、小学校、中学校において画一性の高い教育を行っている。しかし、高校教育においてはそうではない。高校は学力によって序列化され、全日制と定時制、通信制に分かれている。普通科と専門科と総合学科に区分され、さらにそれぞれの学科が無数の学科とコースと類型に区分され、カリキュラムも複雑

に組織されている。1980年代までの高校教育の多様化は産業構造の分業形態に対応した多様化であったのに対して、今日の多様化は生徒や親の多様なニーズに対応した多様化であるといってよい。

　主として普通教育を施す「普通科」の学校と、「工業」「商業」「農業」「水産」「家庭」など専門教育を施すいわゆる職業科の学校や、普通科と専門学科の両方を有する総合制の学校、単位制の長所を生かす単位制高等学校など、学校の種類は違っても、「中学校における教育の基礎の上に」施す高等学校教育であることに変わりはない。したがって、中学校とのより良い接続を果たすためにも生徒の実態把握は大切なことである。高等学校への進学率が高くなり、準義務教育化しているとさえいわれる現在、高等学校に入学してくる生徒の実態は一層多様化個別化を増している。その実態を的確に把握し、生徒の多様な能力、適性、興味、関心などに応じた指導を行うことが必要とされている。そのため各校では、指導内容の大綱化、弾力化を図るなどさまざまな試みがなされている。

3　高校教員としての資質

　高校は授業料を徴収し義務教育ではないということが、小学校や中学校との最大の違いである。進学率でいえば義務教育化してもおかしくはなく、そのような議論もされているが、高校に通う生徒は、さらに高い教育を受けたいという意志を持って通学しているのである。したがって、中学校以上の専門性の高い教育を受けさせることが第一となる。高校は中学校と同じように教科担任制であるが、教科が細分化されており、それだけ深く高度な専門的知識と指導力が欠かせない。

　しかしながら、すでに述べたように、高校にはさまざまな種類がある。たとえば専門学科は、卒業後社会に出ても即戦力として通用するよう、実践的な職業技能を習得させることに重点が置かれ、教員にもより高い専門性が求められる。普通科では、大学進学に力をいれている進学校もあれば、「教育困難校」と呼ばれる文字通り教員にとって一筋縄でいかない学校も存在する。このように多種多様な学校にあわせて、日頃から高い専門性を

身に付ける努力を怠らないことはもちろん、学校に応じた教育も考えなくてはならない。公立高校の場合、普通校から専門高校に移動になることもあるからである。

また、教科指導とともに部活動や学校行事の運営も大切である。高校の年間行事といえば、体育祭に文化祭、それに修学旅行である。文化祭は、保護者はもちろんOBや他校、校外の人も来校することが多く、生徒も熱心に取り組むために、その指導、監督も大変な仕事となる。修学旅行は観光より体験重視の傾向があり、農場に行ったり、遺跡調査を手伝うなどの工夫をする高校も増えている。

さらに担任ともなれば生徒の進路指導や保護者との教育相談が重要な仕事となる。多様化する社会の動きを敏感に感じ取り、生徒の興味関心に応じ、適切な指導やアドバイスをする必要がある。高校は進路の面で大事な選択を迫られる生徒ばかりである。しかも、未成年といえども、ほとんど大人といってよい年頃の生徒が中心であるだけに、適切なアドバイスができるだけの経験が求められる。そして義務教育でないために、卒業や進学のための条件が満たされていない場合、相応の措置をとらざるを得ないという事態も生じる。判断は成績判定会議で行われるが、担任に判断をゆだねられるケースもある。退学や留年といった問題は、その生徒の人生を左右してしまうくらい重大なことであり、高校の教員は、ここでも重大な判断をしなければならない（進路指導に関しては第1部第3章を参照のこと）。

生徒が尊敬し信頼を寄せる教師は、人間性が豊かで、深い学識と教養を有し、生徒一人ひとりを大切にする教師である。高校の教員としての豊かな人間性、深い学識と教養、優れた指導力などを身に付けるためには「研修」が欠かせない。教育公務員特例法第21条にも記されているように、教員は「絶えず研究と修養に努めなければならない」のである（研修については、第2部第2章第2節教員の研修を参照のこと）。

〈参考・引用文献〉

秋田喜代美・佐藤学編（2006）『新しい時代の教職入門』有斐閣。
芦田宏（2004）「学校のしくみを探る」小田豊・森真理編『教育原理』北大路書房。
尾木直樹（1998）『「学級崩壊」をどう見るか』NHKブックス。
教職問題研究会編（2000）『教職論』ミネルヴァ書房。
佐藤晴雄（2001）『教職概論』学陽書房。
佐藤学（1999）『教育改革をデザインする』岩波書店。
─── （2000）『授業を変える・学校が変わる』小学館。
佐藤雅彰・佐藤学編著（2003）『公立中学校の挑戦──富士市立岳陽中学校の実践』ぎょうせい。
柴田義松・宮坂秀子・森岡修一編（2004）『教職基本用語辞典』学文社。
武安宥・長尾和英編（2002）『人間形成のイデア』昭和堂。
戸江茂博編（2007）『現代保育論』聖公会出版。
Schon, Donald A. (1983) "*The reflective Practioner: How Professionals Think in action*" BasicBooks. 佐藤学・秋田喜代美訳（2001）『専門家の知恵──反省的実践家は行為しながら考える』ゆみる出版。
長尾和英編（2004）『教職と人間形成』八千代出版。
文部科学省(1991)『幼稚園教育指導資料第1集　指導計画の作成と保育の展開』フレーベル館。
八尾坂修監修（2007）『教員をめざす人の本』成美堂出版。

第3章

管理職・主任の役割

第1節　校長の役割と権限

　学校設置基準によれば、「小・中学校では、校長のほか、各学級ごとに教諭一人以上を置くこととする。ただし特別の事情のあるときは、校長または教頭が教諭を兼ね、または助教諭もしくは講師をもってこれに代えることができる」（小学校設置基準六、中学校設置基準六）としている。
　校長の職務は、学校教育法第28条3項において、「校長は、校務をつかさどり、所属職員を監督する」と規定されている。これまで校長・教頭となるためには、免許状および学校教育法第1条に規定する学校の教員の職など「教育に関する職」に5年以上在職していなければならなかった。ところが、1998年の中央教育審議会の答申「今後の地方教育行政の在り方について」に基づき、2000年に学校教育法施行規則が改正され、従来の管理職の資格要件が変更となった。その結果、「民間人校長」の登用が可能となった。なお校長の資格としては、学校教育法施行規則第8条に示されている。
　この新しい制度が登場してきた背景には、1980年代中頃より活発になったアメリカ、イギリスの政策の影響があると言われている（新自由主義（neo-liberalism））。この考え方によれば、市場原理や競争原理を意図した規制緩和の政策が経済を活性化させ、総じて社会全体を活性化させるとされる。この政策が教育界にも適応され、教育活動の活性化、教育組織の刷新を図り、市場原理や競争原理の中で悪しきものは消え去り、人々から支持のあるもの（＝よいもの）が残ってゆくという、いわば自然淘汰の中か

ら真によいものを残していくという発想に基づいている。そうした中、学校も、学校評議員制度、学校運営協議会制度を導入し、学校選択、情報公開や学校の説明責任等の動向が活発化する中で、校長による学校経営の力量が問われるようになった。ただし、教育分野に競争原理や市場原理を導入することが妥当であるかどうかをめぐっての慎重な意見もみられることは留意しておきたい。

　学校組織における意志決定、とくに職員会議の位置づけをめぐっては、これまで議論が見られた。これまでの職員会議に対する解釈としては、1. 職員会議を学校の最高意思形成・決定機関とみる議決機関説　2. 職員会議を校長の諮問機関と位置づけ、校長は教職員の意思を聞き尊重するとする諮問機関説　3. 職員会議を校長の公務執行を助ける内部的機関とする補助機関説の三つがあった（武安宥他、2002）。1998年に中央教育審議会は「今後の地方教育行政の在り方について」を答申したが、その中において、学校運営組織の見直しを提言した。そこには、「職員会議は、校長の職務の円滑な執行に資するため、学校の教育方針、教育目標、教育計画、教育課題への対応方策等に関する教職員間の意思疎通、共通理解の促進、教職員の意見交換などを行うものとすること」とし、「職員会議は、校長が主宰することとし、教員以外の職員も含め、学校の実情に応じて学校のすべての教職員が参加することができるようその運営の在り方を見直すこと」と提言された。学校教育法施行規則第23条の二は「職員会議の設置」を規定している。

　第23条の二　小学校には、設置者の定めるところにより、校長の職務の円滑な執行に資するため、職員会議を行うことができる。
　　　　　　　2　職員会議は、校長が主宰する。

　なお上記の第23条の二では、小学校には……となっているが、中学校、高等学校、中等教育学校にも準用される。そして職員会議は、「校長の権限と責任を前提に、校長の職務の円滑な執行を補助する機関として位置づけられている」と理解されるようになった（窪田・小川、2006）。また各都道府県などの学校管理規則などによって職員会議が規定されていることもある。

「職員会議の主催」以外にも校長の職務領域は多様にわたっている。

図表 3-1　個々の法規による校長の主な職務規定

1	学校教育の管理	職員会議の主宰	学校法施規 23 の二② 等
		学校評議員の推薦	〃　　23 の二等
		授業終始の時刻の決定	〃　　46
		非常災害時の臨時休業の決定と報告	〃　　48
		高校教科用図書使用の特例	〃　　58
		教科書を直接児童・生徒に支給	教科書無償措置法 5 ①
		教科書需要数の報告（私立）	教科書発行法 7 ①
		需要票の提出（私立）	同　施規 13
		調査統計に関する事務（①学校基本調査関係　②学校保健統計調査関係　③学校教務統計調査関係　④学校設備調査関係）	学校基本調査規則等
2	教職員の管理	校長の職務代理者についての定め	学校法 28 ⑤
		所属職員の進退に関する意見の申出	地方教育行政法 36、39
		勤務場所を離れての研修等の承認	特例法 22 ②
		労働時間の制限	労基法 32
		公務のために臨時の時間外勤務の特例（公立）	〃　33 ③、教職給与特別法 6
		災害等の事由により臨時の必要がある場合の特例（私立）	〃　33 ①
		休憩時間・休日	〃　34、35
		産前・産後の就業制限	〃　65
		育児時間中の使用制限	〃　67
		生理休暇	〃　68
		公民権行使の保障	〃　7
		公立学校共済組合員の異動報告	公立学校共済組合運営規則 11
3	児童・生徒の管理	児童・生徒の懲戒	学校法 11　同　施規 13
		児童・生徒の出席状況の明確化	同　施令 19
		指導要録の作成	同　施規 12 の三①
		出席簿の作成	同　施規 12 の四
		出席不良者の通知	同　施令 20
		全課程修了者の市町村教委への通知	〃　22
		中途退学者の退学の通知	〃　10
		盲者等についての通知	〃　12、18

		就学猶予・免除者の相当学年への編入	同　施規 43
		卒業証書の授与	〃　28
		高校入学許可	〃　59
		転学・進学の際の指導要録の作成と送付	〃　12の三②③
		高校進学書類の送付	〃　54の六
		高校転学書類の送付と転学の許可	〃　61
		休学・退学の許可	〃　62
		高校の全課程修了の認定	〃　63の二
		指定技能教育施設における学習の認定	学校法 45の二①
		奨学金の貸与を受けるに相応しい者の推薦	日本学生支援機構奨学規定 7
		就学奨励の経費支給	盲学校等就学奨励法 3②
		教育扶助に関する保護金品の交付・支給	生活保護法 32②
		年少労働者の証明書	労基法 57②
		職業安定所業務の一部負担	職業安定法 27①
		無料職業紹介事業	〃　33の二①
4	学校保健の管理	健康診断と健康相談	学校保健法 6,11
		伝染病による出席停止	〃　12
		出席停止の指示と報告	同　施令 5、6
		健康診断票等の作成と送付	同　施規 6
		感染症の発生・まん延防止	感染症予防法 5②
		定期の健康診断の実施	結核予防法　4①
		定期の予防接種の実施	〃　13
		健康診断記録の作成、通報・報告	〃　10、11、20
5	施設・設備の管理	目的外使用の同意	学校施設確保政令 3
		社会教育のための学校施設利用に際しての意見	社教法 45②
		学校施設利用許可権の校長委任	〃　47
		個人演説会場使用の意見聴取	公選法施令 117②
		防火管理者の決定と消防計画の作成および実施等	消防法 8
		消防用設備等の設置・維持	消防法 17
		大そうじの実施	廃棄物処理清掃法 5②

(準用規定は省略)

出所：窪田・小川　平成 19 年度　174-176 頁

校長の職務領域は、①学校教育の管理　②教職員の管理　③児童生徒の管理　④学校保健の管理　⑤施設・設備の管理の大きく5つの領域から成り立ち、よく知られた職務の事例として、①については、学校評議員の推薦（学校教育法施行規則第23条の2）、授業終始の時刻の決定（同規則第46条）、教科書を直接児童生徒に支給（教科書無償措置法第5条1）などが、②については、勤務場所を離れての研修等の承認（教育公務員特例法第22条二）、③については、児童生徒の懲戒（学校教育法第11条、学校教育法施行規則第13条）、指導要録の作成（学校教育法施行規則第12条の三の①）、出席簿の作成（学校教育法施行規則第12条の四）、卒業証書の授与（学校教育法施行規則第28条）、④については、健康診断と健康相談（学校保健法第6条、第11条）、伝染病による出席停止（学校保健法第12条）、健康診断票等の作成と送付（学校保健法施行規則第6条）、⑤については目的外使用の同意（学校施設の確保に関する政令第3条）がそれぞれ挙げられる。

　さらに都道府県や区市町村の学校管理規則に「校長の職務」が規定されることもある。

第2節　教頭の役割

　学校教育法第28条4項によれば、「教頭は、校長を助け、校務を整理し、及び必要に応じ児童の教育をつかさどる」と定義されている。また2000年に改正された学校教育法施行規則による校長・教頭の資格要件緩和に関して、教頭に限って言えば、教育に関する職の経験をもたない者について実質的に任用されなかったが、2005年の中央教育審議会答申「新しい時代の義務教育を創造する」において、教頭についても民間企業等の分野での経営感覚を持った人物を登用すべきだと明言され、2006年には学校教育法施行規則が改正されることとなった。その結果、校長と同様、教頭についても民間人等を任命することが可能となった。

　なお、東京都では2005年から「教頭は副校長と称する」こととなったが、

これは従来の学校教育法による教頭を副校長と読み替えることを意味している（窪田眞二、2007）。

また、教頭は、校長の代理・代行の職務を行うことがある。学校教育法第28条五は、「教頭は、校長に事故があるときはその職務を代理し、校長が欠けたときはその職責を行なう。この場合において教頭が二人以上あるときは、あらかじめ校長が定めた順序で、その職務を代理し、又は行なう」とされる。また、校長が不在の場合、場合によっては学校管理規則に応じて、教頭の代決を認める場合や、軽易な事案について教頭の判断に委ねることもある（窪田・小川、2006）。

第3節　管理職に求められる資質・能力

学校には調和のとれた学校運営が行われるためにふさわしい校務分掌の仕組みを整える必要があり（学校教育法施行規則第22条の2を参照）、職階としての校長・教頭の職務は、学校組織と管理運営において重要な意味をもつ。そのため、文部科学省は学校経営における校長のリーダーシップやマネジメント力を発揮できるよう、教育制度を改革してきた。ここでは、管理職に求められる資質・能力について数年来どのようなことが示されているかを見てゆきたい。

(1) 教育職員養成審議会（平成11年）「管理職の資質や能力」

「学校においては個性や特色ある充実した教育活動を展開するためには、校長およびそれを補佐する教頭は教育に関する理念や識見をもっていること」として、以下の三つの資質を求めている。

　1　教育に関する理念や見識
　　① 教育思潮や教育改革の動向、地域社会や保護者、学校の実態・児童生徒の心身の特性を踏まえ、教育課題を的確に把握しながら、学校の教育目標を設定・提示し、周知する能力
　　② 学校の教育目標達成に向けて、教職員・保護者や地域の人材、

　　　　施設・設備の予算等を機能的に結集させる方策を持てる能力
　2　リーダーシップの発揮
　　①　教職員の意識改革を促し、学校の教育活動を組織的、意欲的に行わせる能力
　　②　教職員の多様な個性や資質能力を引き出し、その力を連携・協働させることによって組織全体として充実した教育活動を行わせる能力
　3　マネジメント能力
　　①　教育課題の解決や日常の教育活動を組織的・機動的に行う学校運営能力
　　②　関係機関との連携・折衝を適切に行う能力や学校財務・予算を総合的に事務管理し、処理していく能力

(2) 教育改革国民会議（平成 12 年）「組織マネジメントの発想」
　1　裁量権の拡大と運営スタッフ
　　①　予算使途、人事、学級編成などについての校長の裁量権の拡大
　　②　校長を補佐する教頭複数制を含む運営スタッフ体制の導入
　2　学校運営を支援する体制づくり
　　①　質の高いスクールカウンセラーの配置を含めて、専門家に相談できる体制の整備
　　②　開かれた専門家のネットワークを用意し、必要に応じていろいろな専門家に相談できる体制の整備

　こうした各審議会や会議報告以外に、窪田（2007）は「期待される教育管理職像」、「学校運営における責任者」を紹介している。
　「期待される教育管理職像」では、大きく、1. 自らの改革と、2. 求められる管理職像とを挙げ、「21 世紀に入り、社会は急速に変動」し、教育もその例外ではないことを踏まえ、教育管理職は、「学校を変えてゆくためには、まず自らの意識を改革することが第一歩」と指摘する。2. 求められる管理職像には 3 つの視点（①学校教育の推進者、②教職員の指導者、③豊かな人間性の持ち主）から、それぞれ優れた指導力を備えた人物、教

職員の意欲を引き出し、結集させるリーダーシップ、管理職としての教養を培い、使命感と責任感の自覚のある人物を求めている。

　もう一つの「学校運営における責任者」では、大きく、1. ビジョンの具体化　2. 説明責任、結果責任　3. 教職員の能力開発、組織の活性化　4. 開かれた学校経営を挙げ、それぞれ、状況を的確に把握し、学校の方針や教育活動の状態を外部に発信すること、学校経営の責任者としての校長は保護者、地域、社会に対して説明責任を果たすことが求められ、教育の成果や活動に対しても結果責任を負っていること、さらには、教職員の職務への動機づけ、校内人事の刷新、校内研修の充実を通して適切なリーダーシップを発揮する必要があること、さらには人事考課制度等を活用し教職員の実態を把握し、適正に評価すること、最後に、学校評議員制度等を活用して、家庭や地域社会の意見を学校経営に反映させるとともに、学校経営評価を行い、その結果を公開して学校経営に生かすように求めている。

(3) 教育再生会議第一次報告（2007年）「社会総がかりで教育再生を～公教育再生への第一歩～」

　教育再生会議第一次報告（2007年1月）においても、「社会総がかりで教育再生を～公教育再生への第一歩～」と題して、教育再生のための当面の課題を挙げている。その報告の中にある「5　保護者や地域の信頼に真に応える学校にする」において、学校の魅力を高め、保護者や地域の信頼に応えてゆかねばならないことが明記されている。このことを実現するために、(1) 学校を真に開かれたものにし、保護者、地域に説明責任を果す　(2) 学校の責任体制を確立し、校長を中心に教育に責任を持つ　(3) 優れた民間人を校長などの管理職に、外部から登用する、の3つの観点を挙げ、学校経営における管理職の力強い経営能力が求められている。

　(1) の具体的な方策としては、独立した第三者機関によって厳格な外部評価、監査システムを導入し、結果の公表を通して、学校運営が健全でしかも関係者に説明ができる体制を創設するよう求めている。そのために、学校は、学校評議員、学校運営協議会の協力を仰ぐことを求めている。

　(2) が主張される背景としては、問題が生じた時に迅速に対応を行うた

めには、現在の校長に負担が集中する体制では、限界があった。そのため、校長の校務を補佐し、より良い学校運営を行うため、学校のマネジメント体制の構築を図る必要が考えられていた。そこで登場したのが、副校長と主幹等の新設である。むろん、従来の通り、学校は、校長中心として、教職員全員が一丸となって責任を持って教育に当たることはもちろんであるが、国は、学校に責任あるマネジメント体制を確立するため、学校教育法等を改正し、副校長、主幹等の管理職を新設、学校の適正な管理・運営体制を確立する。この考えは、2007年6月に学校教育法改正として国会で可決されることとなり、実現化されることとなった。

（3）が主張される背景としては、学校を取り巻く環境が大きく変化する中で、校長に求められるリーダーシップやマネジメント力が一層期待される現状が考えられる。民間での強いリーダーシップを学校経営に活用して、学校教育の立て直しを図ってゆこうということがその背景として挙げられる。そのため教育委員会は、民間人校長の数値目標を定めるなど、外部人材を積極的に登用したり、また校長だけでなく、民間人の教頭などの登用も推進すると提言している。

(4) 中央教育審議会答申（2007年）「今後の教員給与の在り方について」

他の箇所（第3部の第4章）においても触れているが、「教員勤務実態調査」によれば、教員は、直接子どもの指導にかかわる時間（「児童生徒の指導に直接的にかかわる業務」）以外に、学校経営、会議・打合わせ、事務・報告書作成等の学校の運営にかかわる業務や保護者、PTA対応、地域対応等の外部対応（「学校の運営にかかわる業務及びその他の校務」）にかなり多くの時間を費やしていることが分かった（7月実施調査）。そのため、教員が子どもたちに向き合い、きちんと指導を行えるための時間を確保することが大きな課題とされている。同答申第2章においては「1. 教員の校務と学校の組織運営体制の見直し」が提言された。その中で教員が子どもたちと向き合う時間を確保するため、学校事務の軽減や効率化を図り、時間外勤務を縮減してゆくことが求められてきているとしている。また、「2. 学校の組織運営体制の見直し」において、現在の学校は職制上の構造

が「鍋蓋型組織」となっており（同答申）、管理職以外の職位に差がない教諭が大多数を占め、その結果、特定の教職員に校務分掌が重なったり、逆に担当が少なかったりするなど、負担の不公平さが部分的に見られ、また学校の職制の中でも教頭の業務の増大が、統計上の残業時間の結果からも、著しくなってきている。そのため教頭の複数配置を促進させ、校長を補佐し担当する校務を自ら処理する副校長（仮称）制度や、校長及び教頭を補佐して担当する校務を整理するなど一定の権限をもつ主幹（仮称）制度の整備を行うことによって学校組織が効果的に機能することが必要である。

　また「経済財政運営と構造改革に関する基本方針2006（骨太の方針2006）」（平成18年7月7日閣議決定）において、「2010年までに国際学力調査における世界トップレベルを目指す」という国家戦略が示されているが、それにともなって、優秀な人材を維持・確保し、教育の質の向上を目指すことは今や喫緊の課題となっている。中央教育審議会（2007）の本答申の中心は、「メリハリある教員給与の在り方」（第3章）と改善についてであるが、それぞれの職階に応じた相応しい権限と責任を与え、職階にメリハリと業務内容に応じた公正な待遇を期して、教職員のインセンティブ（動機づけ）を維持向上させることを目指し、また優秀な教員の確保を目指すための方策も提示されている。さらに「教員の勤務時間・勤務体系の在り方」（第4章）についても触れられている。

第4節　主任等の種類と機能

　主任は、校長や教頭のように管理職に該当する職制上の職ではなく、校長による職務命令に基づく職である。学校教育法施行規則第22条三の①によれば、「小学校には、教務主任及び学年主任を置くものとする。ただし、特別の事情があるときは、教務主任又は学年主任を置かないことができる」と記されている（中学校、高等学校、中等教育学校にも準用）。また同規則第22条三の②によれば、「教務主任及び学年主任は、教諭をもって、こ

れに充てる」と記されている。

　主任の意味するところは、「それぞれの職務に係る事柄について教職員間の連絡調整及び関係教職員に対する指導、助言等に当たるものであり、当該職務に係る事柄に関して、必要があれば、校長及び教頭の指示を受けてこれを関係教職員に伝え、あるいは、その内容を円滑に実施するため必要な調整等を行う」（姉崎洋一他、2007）というものである。

　主任等の職名には、教務主任、学年主任、学科主任、寮務主任、舎監、保健主事、生徒指導主事、進路指導主事、農場長、その他の校務を分担する主任等（教科主任、図書主任など）が挙げられる。

　また 2003 年には、教頭を補佐するとともに教諭等を指導・監督する「主幹」職を東京都では導入した。神奈川県では「総括教諭」、大阪府では「首席」、広島県では「主幹」、横浜市では「主幹教諭」として同様の主幹制度確立の傾向が見られる（福本みちよ、2006）。この主幹制度と従来の主任制度との相違は、主幹職を職制上、指導・監督層と位置づけて、給与体系についても一般の教諭（2 級職）と異なった体系（特 2 級職）を採っている点である。このことによって、従来一局的に業務が集中していた教頭への負担が軽減でき、またさまざまな学校内外において発生する諸問題を迅速、適正に解決し、校長・教頭から教員への意見、調整、指示の「トップダウン」と、逆の構造である「ボトムアップ」をスムーズに行うことが可能となり、その役割と活躍が期待されている。

第 5 節　（上司の）職務命令の要件

　公務員が遵守すべき服務の中に、「法令等及び上司の職務上の命令に従う義務」がある。地方公務員法第 32 条は「職員は、その職務を遂行するに当つて、法令、条例、地方公共団体の規則及び地方公共団体の機関の定める規程に従い、且つ、上司の職務上の命令に忠実に従わなければならない。」と記されている。また、県費負担教職員について、「県費負担教職員は、その職務を遂行するに当つて、法令、当該市町村の条例及び規則並び

に当該市町村委員会の定める教育委員会規則及び規程に従い、かつ、市町村委員会その他職務上の上司の職務上の命令に忠実に従わなければならない」(地方教育行政の組織及び運営に関する法律第43条2項)と、職務上の上司の職務上の命令に従うことが求められている。ここで、職務上の上司の職務上の命令について簡単に見ておきたい。

ここでいう上司とは、学校教育法第28条に示されているとおり、校長、教頭を指す。校長は、すべての教職員に対する職務上の上司であり、教頭は、校長を除く教職員に対する職務上の上司である。また市町村教育委員会は、県費負担教職員の服務を監督する(地方教育行政の組織及び運営に関する法律第43条)とあるから、教育委員会は学校の全教職員の職務上の上司であると言うことができる。

職務命令の有効要件としては、①権限のある上司から出されたものであること ②職員の職務に関するものであること ③法律上、事実上の不能を命ずるものでないこと ④職務執行の独立に関するものでないこと、が挙げられ、その手続きは、文書、口頭で命ずることができるとしている(窪田・小川、2006)。

そして、職務命令違反が認められた場合、懲戒処分となる可能性がある。地方公務員法第29条に以下のように示されている。

職員が次の各号の一に該当する場合においては、これに対し懲戒処分として戒告、減給、停職又は免職の処分をすることができる。

　一　この法律若しくは第57条に規定する特例を定めた法律又はこれに基く条例、地方公共団体の規則若しくは地方公共団体の機関の定める規程に違反した場合
　二　職務上の義務に違反し、又は職務を怠った場合
　三　全体の奉仕者たるにふさわしくない非行のあつた場合

〈参考・引用文献〉

姉崎洋一他編（2007）『解説教育六法　平成 19 年版』三省堂。
窪田眞二・小川友次（2006）『平成 19 年度　教育法規便覧』学陽書房。
窪田眞二監修（2007）『平成 20 年度版　教育課題便覧』学陽書房。
武安宥・長尾和英編（2002）『人間形成のイデア』昭和堂。
福本みちよ編著（2006）『実践教育法規 2006』小学館。

第4章

教師の職場環境

第1節　教師の勤務実態

1　現代の教育の現状

　現代社会の諸課題は学校教育問題の課題としても関連付けられる場合がある。情報化社会、国際化社会、科学技術の発展、核家族化、地球環境問題、物質中心主義、最近においては格差社会、公共性の問題などが指摘され、それに伴って家庭教育の在り方は言うまでもなく、学校における教育の在り方をめぐってもそれらと教育との関係が指摘されることは周知のとおりである。さらに文部科学省や各諮問機関においては教育制度の充実を目指し、個別的ないし具体的な教育政策や学校教師の採るべき課題を明らかにし、学校教育現場における教育の在り方の一層の充実を目指そうとしている。

　ところで、以上において指摘したように、現代の学校教育を取り巻く状況は複合的でしかも多くの課題を抱えている。教育の現状を改善するために、教育政策が策定され教育改革が実施される。ただ現代社会においては教育改革のスピードは非常にめまぐるしく、内容も多岐にわたるため、教育の実際と教育改革の断行との間には多くの課題も見受けられる。学力問題、道徳教育、教員養成と教員免許制度などの問題は、教育現場の教師たちに新たな課題をもたらし、時代の変化に即した対応がさらに求められている。教員の資質向上などに見られる教員として期待される内容が変容し一層多岐に亘りつつあるのも特徴である。それと同時に、現状の教師はさ

まざまな問題点を抱え始めている。

　東京都のある病院の精神神経科医師は、自著の中において、受診する教師の事例報告と分析、教師の抱える心の問題の本質を捉えようと試み、自律する社会の確立を進めるべきだと結論づけている。その中島医師によると、昭和58（1983）年頃に受診者数の増加が見られ、これは校内暴力（対教師暴力）がピークを迎えた頃と一致し、とくに近年、精神科や診療内科を訪れる教師が増加しはじめ、1998年頃から教師の受診者数が急増するようになった（中島一憲、2003）。また心の病のために休職する教師も増えつつあると言い、精神科や心療内科を受診する教員の中でももっとも多いのは抑うつ状態に陥る「燃えつき症候群」と指摘している（中島一憲、2003）。

　燃え尽き症候群とは、1970年代半ばにフロイデンバーガーというアメリカの精神科医が「バーンアウト」と呼んだことに由来し、「過度のストレスによって心身ともに消耗しつくした結果、無気力、無感動となってしまった病的状態」（中島一憲、2003）のことを指す。燃え尽き症候群が生じる過程として、以下の二つの条件が重なると指摘している。

　1つ目は、人間を相手にした専門的な仕事に就いていることであり、人間相手という職業は、数値評価しがたいものであり、満足度の測定が困難である。

　人間を対象とした職業としては、教職以外に、保健医療、福祉関係業務、宗教活動を中島医師は挙げている。

　2つ目は、精力的に仕事に取り組んだにもかかわらず、期待したほどの成果があがらなかった、あるいは周囲の評価を十分に得られなかったという挫折体験をすることである。

　　　　　　　　　　　　　　　　　　　　　　　（中島一憲、2003）

　中島一憲（2003）によれば教職は、バーンアウトに陥りやすい職業の代表として挙げられており、実際のところこうした来談者以外で実際に悩みを抱え「心を病む教師」の数は水面下ではかなりの数になるとも指摘して

いる（中島一憲、2003）。

　1つ目の条件や2つ目の条件は、それぞれ別個の事態としては往々にして見られるものである。例えば、努力が報われないという事態は、どのような職業においても見出されうる。その意味において、現代社会に生きる教師が「メンタル・タフネス（精神的耐性）」を欠いた弱き存在となってしまっている点も否定できない。

　他方、これまでの教師像と比べて、教師は教師以外の他者からさまざまな要求や繊細さが求められるようになったとも言える。例えば、児童生徒への配慮、授業そのものへの配慮、同僚の教師や学校への配慮、教師としての服務、倫理規定への配慮など。小学校及び中学校担任教師が「一人ひとりに応じた学習指導が以前よりも求められるようになった」とも述べている（参照、本章第1節5）。従来の教員の自律性の問題が、現在においては教師にテクニカルな「反省的思考」（ジョン・デューイの言葉で有名であるが、ここでは教師の推論過程を批判的・反省的に意識し、常により望ましい結果の変容へともたらすよう意識した実践的態度のこと）や「メタ認知」（心理学用語の一つであり、「メタ」とは古代ギリシア語で「下に」「後に」「従って」という意味である。英語ではMetacognitionという。これは、自己自身の活動が学習そのものを認識する能力のことで、更には学習者に対する教師や子どもに対する親など他者についても言われることがある。とくに現在進行中の事柄に関連していることを言う）「相対的観点」（他との関係において物事をながめる視点）を求め始めたのである。これらの概念は元々哲学的意味をもっていて、自らの行動や経験の過程見直し、本来の目的にかなった在り方を模索する際、用いられるものである。

　さらに、保護者や児童生徒からの主張・要求が、「当然」（権利としての当然）というものから「過剰」（権利を超越した主張）なものが数多く見受けられるようになった点が挙げられる（例、モンスター・ペアレント）。これは教師のストレスを強化させ、正当な教育活動を萎縮させる結果にまで至っている。この背景としては、従来、信頼関係として成立してきた教育の人間関係（師弟関係）が、「消費者優位」あるいは「契約」として理解されるようになったことにあると思われる。したがって教師もリーガル

マインド（大石勝男、1997）を身に付けよという主張は教師の管理運営上の視点からはもっともな意見ではある。

だが、あまりにもギスギスした関係において、教師はどこまで人間らしい教育を伝え教えてゆくことが可能か。教育を行う側と受ける側の双方の在り方が求められている。

2 各学校の児童生徒数と教員の構成について

文部科学省の調査によれば、平成18年度小学校の校数は国公私立を合わせて2万2878校であり、中学校1万992校、高等学校5,385校である。児童生徒数は、小学校718万7000人、中学校360万人、高等学校349万5000人である。教員数は、小学校41万8000人、中学校24万8000人、高等学校24万8000人である。

学校数の推移としては「初等中等教育段階では、少子化の影響や統廃合などにより公立校で減少傾向」（窪田、2007）にあるとされる。一学級当たりの児童生徒数については、平成18年度においては小学校の場合、25.9人、中学校の場合、30.4人であり、昭和35年時の45人前後と比べ、少人数傾向となっており、改善がなされてきている。

教職員の数については窪田（2007）によれば、同じく平成18年度においては小学校の場合、41万7858人、中学校の場合、24万8280人、高等学校の場合24万7804人である。この数値は、昭和25年の統計結果からすると増加傾向にあり、全体に占める女性教員の割合が各学校の段階においてゆるやかな上昇傾向にある（平成18年小学校の場合62.7％、中学校の場合41.2％、高等学校の場合27.9％）。

3 教員の類型

他の箇所において、教員という仕事の位置づけが法的な観点からなされているため、ここでは、もう少し別の視点から教員という仕事を考察してみたい。

佐藤晴雄は、教職観の変遷から見た理想的教師像として、1「聖職者としての教師」2「労働者としての教師」3「専門職としての教師」を挙げている。佐藤によれば1「聖職者としての教師」は「①人間的品格が高く、他人の模範たる行動や態度をとること、②教育に対する強い使命感をもって子どものために尽くすこと、そして③世俗の欲得にとらわれず清貧に甘んじ、自己の利害を超えて教育に奉ずる確たる姿勢をもつことが期待された」とある。2「労働者としての教師」は、1951（昭和26）年に日本教職員組合が「教師は労働者である」と主張したことに基づく。この考えは教師といえども最低の生活を守るものとして教師としての生活が保障されなければならないことを宣言したものであった。

　3「専門職としての教師」は、1966（昭和41）年のILO・ユネスコの「教員の地位に関する勧告」において述べられたことで有名である（「教職は、専門職と認められるものとする。教職は、きびしい不断の研究により得られ、かつ、維持される専門的な知識及び技能を教員に要求する公共の役務の一形態であり、また、教員が受け持つ生徒の教育及び福祉についての各個人の及び共同の責任感を要求するものである」）。

4　教員勤務実態調査から見る教員の勤務状況

　文部科学省によれば、全国の公立小中学校の勤務や給与の在り方を検討するため、教員勤務実態について調査を行った（この「教員勤務実態調査」は文部科学省の研究委託により、小川正人東京大学教授を研究代表者とする研究チームが調査の設計等を行い、株式会社ベネッセコーポレーション・ベネッセ教育研究開発センターが調査票の配布・回収・集計を実施。この資料を直接活用させていただいた。）。その集計の報告によれば、勤務時間〔（規定勤務時間＝始業時刻～終業時刻）と残業時間（上記の時間以外に学校において勤務した時間）〕のうち、業務の分類（**図表4-1**を参照）中からそれぞれに占める時間の平均を出している。

　平成18年度調査（7月分通常期）において、上位をしめた業務の分類は次頁のとおりである。

図表 4-1 業務の分類について

	業務の分類	
a	朝の業務	朝打合せ、朝学習・朝読書の指導、朝の会、朝礼、出欠確認など
b	授業	正規の授業時間に行われる教科・道徳・特別活動・総合的な学習の時間の授業、試験監督など
c	授業準備	指導案作成、教材研究・教材作成、授業打合せ、総合的な学習の時間・体験学習の準備など
d	学習指導	正規の授業時間以外に行われる学習指導（補習指導、個別指導など）、質問への対応、水泳指導など
e	成績処理	成績処理にかかわる事務、試験問題作成、採点、評価、提出物の確認・コメント記入、通知表記入、調査書作成、指導要録作成など
f	生徒指導（集団）	正規の授業時間以外に行われる次のような指導：給食・栄養指導、清掃指導、登下校指導・安全指導、遊び指導（児童生徒とのふれあいの時間）、健康・保健指導（健康診断、身体測定、けが・病気の対応を含む）、生活指導、全校集会、避難訓練など
g	生徒指導（個別）	個別の面談、進路指導・相談、生活相談、カウンセリング、課題を抱えた児童生徒の支援など
h	部活動・クラブ活動	授業に含まれないクラブ活動・部活動の指導、対外試合引率（引率の移動時間を含む）など
i	児童会・生徒会指導	児童会・生徒会指導、委員会活動の指導など
j	学校行事	修学旅行、遠足、体育祭、文化祭、発表会、入学式・卒業式、始業式・終業式などの学校行事、学校行事の準備など
k	学年・学級運営	学級活動（学活・ホームルーム）、連絡帳の記入、学年・学級通信作成、名簿作成、掲示物作成、動植物の世話、教室環境管理、備品整理など
l	学校経営	校務分掌にかかわる業務、部下職員・初任者・教育実習生などの指導・面談、安全点検・校内巡視。、機器点検、点検立会い、校舎環境整理、日番など
m	会議・打合せ	職員会議、学年会、教科会、成績会議、学校評議会、その他教員同士の打合せ・情報交換、業務関連の相談、会議・打合せの準備など
n	事務・報告書作成	業務日誌作成、資料・文書（調査統計、校長・教育委員会等への報告書、学校運営にかかわる書類、予算・費用処理にかかわる書類など）の作成、年度末・学期末の部下職員評価、自己目標設定など
o	校内研修	校内研修、校内の勉強会・研究会、授業見学、学年研究会など
p	保護者・PTA対応	学級懇談会、保護者会、保護者との面談や電話連絡、保護者応対、家庭訪問、PTA関連活動、ボランティア対応など
q	地域対応	町内会・地域住民への対応・会議、地域安全活動（巡回・見回りなど）、地域への協力活動など
r	行政・関係団体対応	教育委員会関係者、保護者・地域住民以外の学校関係者、来校者（業者、校医など）の対応など
s	校務としての研修（校外）	初任者研修、校務としての研修、出張をともなう研修など
t	会議（校外）	校外での会議・打合せ、出張をともなう会議など
u	その他の校務	上記に分類できないその他の校務など
v	休憩・休息	校務との関係のない雑談、休憩・休息など

出所：www.mext.go.jp/b_menu/shingi/chukyo/chukyo3/siryo/031/06112809/001.pdf

	小学校		中学校	
1位	授業	3時間51分	授業	2時間58分
2位	生徒指導（集団）	1時間16分	生徒指導（集団）ならびに部活動・クラブ活動	1時間6分
3位	成績処理	1時間12分	成績処理	1時間03分
4位	授業準備	0時間44分	授業準備	0時間55分
5位	朝の業務	0時間33分	朝の業務	0時間35分

　6位以下は、「学年・学級運営」「会議・打合わせ」「保護者・PTA対応」「事務・報告書作成」「学校経営」などである。

　この調査では、小・中学校平均の「児童生徒の指導に直接的にかかわる業務」は、6時間27分、「児童生徒の指導に間接的にかかわる業務」は2時間24分、「学校の運営にかかわる業務及びその他の校務」は1時間43分、「内部対応」は22分となっている。また、7月の実施ということもあって多くの学校は定期試験があるため、「成績処理」が小学校、中学校ともに1時間程度となっているが、これは学期末特有の業務であり、時期により業務内容が異なっていることが理解できる。中学校の場合、「部活動・クラブ活動」が「授業」に次いで長いことがわかる。また「学校の運営にかかわる業務及びその他の校務」と「外部対応」の時間が、小中学校ともに2時間程度行われている。

　一方、平成18年度調査（8月分夏期休業期）における業務分類別勤務時間の概要によれば、上位を占めた業務の分類は以下のとおりである。

	小学校		中学校	
1位	校務としての研修（校外）その他の校務	1時間12分	部活動・クラブ活動	2時間22分
2位	授業準備	1時間04分	その他の校務	0時間59分
3位	休憩・休息	0時間48分	校務としての研修（校外）	0時間50分
4位	事務・報告書作成	0時間44分	事務・報告書作成	0時間44分
5位	学校経営	0時間40分	授業準備	0時間43分

　6位以下は、「校内研修」、「会議・打合せ」、「学習指導」、「学年・学級経営」「学校行事」と続いている。

この調査では、先の7月分（通常期）の結果と比較して、1日の勤務時間の合計が、小学校は約2時間30分程度、中学校は約3時間程度減少し、指導に直接的にかかわる業務については減少していること、これは成績処理に関連する負担が減少したと考えられるため、通常期との大きな違いと言える。また校内研修、校務としての研修（校外）、事務・報告書作成、その他の校務などの学校の運営にかかわる業務及びその他の校務については時間として増加している。

　その他、この調査報告からポイントとしてあげられている事柄として、7月分実施の調査では、教頭・副校長が各職種の中で最も残業時間が長いということ、中学校のほうが小学校よりも残業時間が長いということ、中学校全教員の平均残業時間は、小学校全教員の平均残業時間よりも長い（小学校1時間48分、中学校2時間25分）ということである。また勤務日1日あたり平均残業時間の分布は、小学校の場合、1時間から1時間30分、中学校では2時間から2時間30分の区分の割合が最も多く、小学校の場合、最短時間は0分、最長時間は6時間38分、中学校の場合、最短時間は0分、最長時間は7時間42分で、小中学校とも残業時間には個人差があり、この不公平さや勤務上の処遇については新たな対応が求められる。

　以上の統計による結果は、現代の学校教職員の勤務実態を表すものとして、教職を職業として考える場合の参考となる。だが、留意すべきことは、統計的方法によるデータは現実世界を十全に意味するものではなく、あくまで統計という、現実世界を推し量る一手段によって得られた状況を示すものにすぎないということである。よって、先の中学校のほうが小学校よりも残業時間が長いという傾向をもって、中学校の方が職務上難しくて小学校の方は簡単であるなどという判断はできないし、項目の勤務時間が長いからといって、それらの業務が充実しているとも言えない。ただ教員がその業務に平均値としてどれだけかかわっているかを示すにすぎない。むしろ、ここでの結果から私たちは、それぞれの持つ意味合いを確認し、予想される傾向と課題を教育者として考えてゆくことにあると言えるのである。

5 担任教諭が勤務について感じること

別の資料によれば、小学校担任、中学校担任がそれぞれ勤務について強く感じていることの割合である（窪田、2007）。

小学校担任、中学校担任がそれぞれ強く感じている項目のトップは、「一人ひとりに応じた学習指導が以前よりも求められるようになった」である。続いて、「授業の工夫が以前よりも求められるようになった」が挙げられており、いずれの校種の担任も9割以上が支持している。以下「生徒指導が必要な児童生徒が増えた」が8割代、「作成しなければならない事務関係の書類が増えた」が8割前後である。小学校担任と中学校担任のデータ上の相違としてとくに顕著なものは、「校内外の見回りなど安全性確保の時間が増えた」が小学校担任の場合74.5%であるのに対し、中学校担任の場合63.2%であり、10%以上も格差がある。また「児童生徒の学習評価に費やす時間が増えた」は中学校担任の場合83.6%であるのに対し、小学校担任の場合74.4%と10%近く校種の相違によって格差が見られるのも特徴である。さらに割合としては他の項目と比較して低位であるが、「放課後や土曜日も指導が求められるようになった」は、小学校担任の場合49.4%であるのに対して、中学校担任の場合64.0%と15%近い相違も明らかとなっている。

第2節　教師の悩みと不安

1　教師の悩みと不安について

職業人としての教師にはどのような喜びと悩みがあるだろうか。学校教育法第一条にある第一条校の小中高の教諭になるためには、教育職員免許状を有し、各教育委員会が実施する教員採用試験に合格しなければならない。

教育という熟語の初出（しょしゅつ）は、孟子尽心編上（もうしじんしんへんじょう）に見られる「三楽の章」（さんらく）による

と言われ、君子の三つの楽しみのうちの一つであると言われている。教えることは教師だけに固有のものではないが、しかし、教師は三楽の章の教えのようにやりがいや充実を感じ、また子どもとともに成長し自らも成長する喜びを抱く。また教師を必要とする子どもや親がいる以上、その人たちの求めに応えてゆく課題を自らの使命と捉え職を全うすべきだとして、教育者としての自覚を忘れずに日々研鑽に励むという教師もいるにちがいない。そして教師という職業が他の多くの職業に見られるような営利を第一目的とする職業でも、物や機械を直接対象とする職業でもなく、人間の成長に直接かかわる充実したやりがいのある職業の一つであると言えるかもしれない。

しかし、他方において、教師固有の問題として悩みや不安が話題となる場合がある。教師の悩みや不安は、①教師の側の問題（例、多忙、経済、人間関係、能力など）によるもの　②教師以外（児童生徒など子どもの問題、同僚、上司（他の教職員）、家庭、社会の問題など）の問題によるものに分けることができる。

①のうち、新任教員に関する問題について見てみたい。複数の難関を乗り越え、無事教員採用試験に合格し、実際に教育現場にかかわり始める中で、当初の教師の理想とはかけ離れた現実を目の当たりにして、退職してしまう新任教員も近年少なくはないという。新任後の一年間の初任者研修後に不採用（平成16年7人）、依願退職（172人）、その他、死亡、分限免職、懲戒免職を含め、全採用者数1万9565人中、191人統計上見られる。これは採用者に占める割合としては0.98％とさほど高い値を示しているとは言えるものではない。だが、自ら希望した職を結果として0.98％の教員が辞めざるをえない事態は教員の職務の困難さを示し、またそれに堪える人物が教育現場では求められている。

また他の職種と比較して、教師には教育者としての役割が期待されている側面がある。これは地方公務員としての公務員の服務以外に教育公務員特例法に定められているような教育者として別に遵守すべき点を備えている点で、他の公務員と異なっている。社会や世間から期待される部分が強く、こうした強い期待に応えてゆく側面があることも否定できない。

そうした中、教員の不祥事についての報道がよく話題となっている。平成 17 年度、教職員が懲戒処分を受けたのは 1,255 人であり、前年度よりも 30 人程度増えている。また事由のトップは、交通事故であり、交通事故による懲戒は約 600 人、訓告は約 1,650 人であったという。その他の事由としては、体罰、わいせつ行為、公費の不正執行又は手当等の不正受給、国旗掲揚、国歌斉唱の取扱いに係わるものが挙げられており、上記以外の理由として「その他」というのが交通事故に続いて二番目に多い処分事由となっている。

　文部科学省が公表する「懲戒処分等の状況の推移」によれば、懲戒処分の推移はこの 10 年間（平成 3 年時のデータと比較）で倍増し、わいせつ行為等に係る懲戒処分等の状況の推移は 10 年間で約 7 倍に増加、体罰に係る懲戒処分等の状況の推移については 10 年間で 2 倍強（窪田、2007）となっている。

　このような教員の不祥事は、教職そのものへの信用・信頼を失墜し、真摯に取り組んでいる教員の志気を低下させることにもなりかねない。そのため、不祥事を起こさないように教員としての職務の重大さを認識し、日頃より十分に職責を留意し、そのための努力を怠ってはならないし、このことによって教員としての不安や心配もあるかもしれない。だが、分限、懲戒処分に該当しなければ、何の努力や向上意識もなくただ勤めるだけの教師が認められるかというと、決してそうではありえない。

　また、教員固有の悩みの問題として、勤務の多忙を挙げる教員も少なくない。さらに、それ以外にも、教えることそのものに不向きであることや子どもと対峙することが苦手である、などという職業的適性についての悩みや、指導上の不適格や専門的能力の欠如に見られる、能力上の問題についての悩みなどが、教員固有の悩みとして考えられる。

　②教師以外（児童生徒など子どもの問題、同僚、上司（他の教職員）、家庭、社会の問題など）の問題

　教師の悩みや不安の原因として教師以外の要因としてはいくつかのものが考えられる。ここでは、教師の悩みや不安の要因のうち、子どもの問題を探ってみたい。

学級運営や学校内において子どもと接する時間は一番多い。その子どもたちの存在が教師の側にとっては喜びとなり場合によっては悩みとなることは当然である。教育指導上、適切な指導を執り行うためには、子どもが学校生活に適応できる状況であることがまず第一に求められる。ところが、学校以外の生活において子どもたちの在り方は、家庭によって大きく規定されている。そのため子どもが家庭においてどのような生活習慣を経て、登校してくるのか、あるいはどのような家庭教育を受けているのかは、学校の教員にとっては把握しがたい。

ある調査によれば、子どもの「生活習慣」の乱れが明らかとなっている。基本的生活習慣は、睡眠、食事、排泄、着脱衣、清潔の5領域にわたり、就学前の子どもが発達に応じて達成すべき課題とされているものであり、児童期において完成すると言われているものである。就寝時間について、午後10時以降に就寝する幼児が29％、平日12時30分以降に就寝する小学生4.1％、中学生26.8％、高校生44.1％となっており、基本的生活習慣の乱れが学校生活を送る上でさまざまな問題を生じさせている（平成16年調査　窪田、2007）。また別の国際比較調査によれば、テレビやビデオを1日3時間以上見ている割合として日本の子ども（小学校5年～中学校2年）の場合47％となっており、日本、韓国、アメリカ、イギリス、ドイツの中で最も割合が高い（平成16年調査　窪田、2007）。

以上の調査から、子どもが学校生活を有意義なものとして送るための前段階である基本的生活習慣が十分に身につけておらず、教師は子どもたちのやる気を喚起することに非常に労力を費やしていることが予想できる。テレビを1日3時間以上見ている子どもの割合が半数近い数値をもって、家庭での学習にどの程度期待がもてるであろうか。学習環境を広い視点から整備し直し、家庭との協力を得て、子どもの実態を把握し、それに基づいた教育実践が求められる。そうすることによって、子どもの学校生活へのかかわり方に変化が生じ、教師の子どもに対する悩みや不安も解消されるであろう。

このこと以外にも、子どもの基礎学力の定着についての悩みや不安、職場での人間関係、保護者との人間関係などが、教員固有の悩みや不安とし

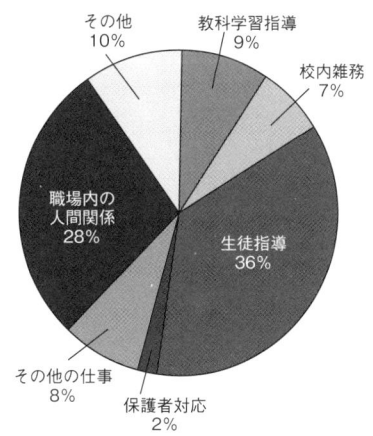

出所：中島一憲『先生が壊れていく』弘文堂、2003、44頁
図表4-2　学校職場内のストレス要因

生徒指導 36%
職場内の人間関係 28%
その他 10%
教科学習指導 9%
校内雑務 7%
その他の仕事 8%
保護者対応 2%

て挙げられる。

〈参考・引用文献〉

大石勝男（1997）「学校事故の対応・責任」市川昭午編『学校管理職「大変な時代」』教育開発研究所。
窪田眞二監修（2007）『平成20年版教育課題便覧』学陽書房。
佐藤晴雄（2001）『教職概論　教師をめざす人のために』学陽書房。
中島一憲（2003）『先生が壊れていく』弘文堂。

第4部

教育原理編

第1章

人間形成と教育

　この章では、子どもの教育に携わる者としての意識をより高めるために、人間と教育について多角的な視点から探求することにしたい。第1節では、人間の生涯にとって教育がどのような意味をもつかについて考察し、教育の基本的な場である家庭と地域社会と学校の変化について考える。第2節では文化との関係から、第3節では人権（子どもの権利）との関係から教育を考える。最後に第4節では、いま教育現場で注目されている保護・養護の側面を含むケアリングの視点に立ち、育て育てられるという教育のあり方について考察する。

第1節　人間の生涯と教育

1　教育とは何か

　教育という言葉から、皆さんは何をイメージするだろうか。「学校」「教室」「先生」「受験」「テスト」「塾」など、学校教育を連想することが多いのではないだろうか。

　たしかに、今日教育は主に学校で行われると考えられている。しかし本来教育には、はるかに豊かな意味合いが含まれていた。たとえば、中国語起源の「教」「育」および、日本語の「おしえる」「そだつ」はそれぞれ含蓄ある意味を持っている。「教」は、コツコツたたいて注意するという働きと子どもが真似をする働きをあわせた意味を持つという。「育」は、

子どもが肉をつけて大きくなることを意味する象形文字である。「おしえる」の語源は、「愛し」「惜し」につながり、「そだつ」は、巣立つを語源とすると考えられている。また、「教育」にあたる英語の education の語源は、ラテン語の「引き出す」という意味をもつ educere である。つまり education は、「子どもの内にもともと備わっているが、働きかけることがなければ陽の目をみることがないかもしれない素質を引き出し、発展させること」という意味を内包している語である（長尾、2004）。

　さらに学校も、伝統的には日常世界から遮断された祭祀空間としての性格を持ち、通過儀礼の場として機能していたといわれる。すなわち、学校の起源は、原始時代に成人式の前半の段階で青年たちを集め、部族や氏族の古老が守るべき習俗や禁忌、神話、伝説などを語り聞かせたことにはじまる。その後、断食やむち打ちなどの厳しい試練が行われたが、その部分が次第に形式化し、前半の部分が学校教育として残ったというのである。学校が日常世界で必要とされる知識や技能を組織的に教育する機関となったのは、19世紀になってからのことである。

　このように考えると、本来教育は、それぞれの発達段階に固有の発達課題の達成を支援する働きかけであると理解することができる。さらに、教育とのかかわりは成長期だけに限られるものではなく、生涯にわたるものであることが、次第に多くの人に気づかれるようになってきた。ラングラン（Lengrand, P.）は、1965年の第3回ユネスコ成人教育推進国際委員会において、「教育とは、学校を卒業したからといって終了するものではなく、生涯を通して続くものである」として、生涯教育を提唱した。彼によれば、人の教育活動は一生を通じて継続的に行われるものであり、その領域は生活全体におよんでいる。彼の生涯教育論は、従来の学歴社会の弊害を取り払い、学校・家庭・地域の結びつきを求める総合的な教育体制を提唱するものとして各国から注目された。

　以上述べたように、教育とは、乳児期から老年期までの生涯にわたる人間形成の営みなのであるが、ここで教育の社会性についてふれておきたい。人間は社会を構成し、社会の中で生きる社会的動物である。子どもが社会の一員として生活できるようになるためには、社会的働きかけと文化的環

境が必要である。第 2 節で後述するように、社会から切り離されて育った野生児は人間社会に適応することができなかった。したがって教育は、人間が人間らしく生きることを促す社会化の営みであるということもできる。社会化（socialization）とは、ある特定の文化を身につけ、その社会の一員となることをいう。社会化の機能は、学校のほかに、家庭・地域・職場などさまざまな機関に備わっており、しつけ・遊び・しきたり・儀式・祭り・労働など、日常生活のさまざまな事物や出来事に埋め込まれている。

2　教育の場

(1) 教育の 3 形態

このように包括的な社会化の営みとして展開される教育は、一般に無定形、非定形、定型の 3 つの形態に分類される。無定形教育とは、家庭における子どものしつけや地域社会で継承されているしきたりなど、日常生活の中でとくに意識されることなく展開される無意図的な社会化の営みである。それに対し、意図的に展開されるのが、非定形教育と定形教育である。非定形教育は、地域における社会教育や職場における職業教育など、意図的ではあるが、組織化・体系化されていない社会化の営みである。定形教育は、近代の学校教育に代表されるように、意図的で組織化・体系化された社会化の営みである。

これら教育の 3 形態の主たる担い手は、家庭・地域・学校である。それらが多元的でバランスのとれた働きかけをすることによって、人間の発達は促進されうる。しかし、今日子どもたちが生き、育っている最も基本的な場である家族と地域社会の教育機能が低下していること、また不登校やいじめなどの学校病理も問題になっている。これらのことについてどのように考えればよいのだろうか。限られた紙面ではあるが、以下、主に広田（1999）の議論によりながら、まず家族と地域社会の歴史的・社会的変化についてふりかえり、最後に学校の教育機能について考えてみよう。

(2) 家庭と地域社会の変貌

　アリエス（Aries, F., 1914-1984）によれば、西洋の近代以前の家族においては、家族と家族以外の成員との境界が曖昧であり、社会化機能を家族が独占することはなかったという。それと同様に、日本の伝統的な村落においても、社会化の諸契機は近隣や親族のネットワークや年齢階梯集団へと拡散的に埋め込まれていた。明治から昭和初期においては、村の暗黙のルールやしきたりがそれぞれの家を縛り、若者組、子ども組のような年齢階梯集団や、親戚、隣人などの大きなネットワークが全体としてしつけや人間形成の機能を果たしていた。そのため、第二次世界大戦が終るまで、多くの親たちは家庭教育に必ずしも十分に注意をはらってこなかったことがわかっている。

　私たちがイメージする教育意識の高い親というのは、子どもの教育への責任感が強い親のことであるが、こうした親のあり方は普遍的なものではなく、大正期の新中産階級（専門職や官吏、俸給生活者）でみられた親のあり方であったという。大正期に登場した、子どもの学歴取得に関心を払い、親こそが子どもの教育の責任を負っているという意識の強い「教育する家族」は、後述するように1960年以降あらゆる階層へと拡大していく。

　1950年代後半から始まる高度経済成長期に、日本の社会は大きく変化した。青少年が農村から都市に向けて大量に流出していき、離農、離村が進行していった。急激な社会変動の中で地域共同体的なまとまりの多くが崩壊していき、地域・家庭での伝統的なしつけや技能伝達は無意味になっていった。地域社会はかつての拘束力を失い、子どもは地域社会とほとんど無縁のものになってしまった。

　一方、経済成長による所得水準の上昇は、子どもの教育に支出できるだけの経済的余裕を生み出した。地方の農村を解体させ、都市のスラムを一掃するような経済発展のなかで、前述した「教育する家族」はあらゆる階層へと広がっていった。地域から一定の独立を得た家族は、子どもに対する独自の教育力を発揮することができるようになったが、それは同時に、家族（とくに母親）が地域や親族の手を借りずに、単独で子どもの養育にあたらねばならなくなったということを意味する。しかも、人口の高齢

化によって子どものいる世帯は今日では30％前後まで縮小している。子育て中の世帯は地域のなかで少数派になり、いまや孤立した育児は常態となっている。そのことが母親の育児不安と負担を否が応でも増している。

いまや子どもも孤立化している。かつて子どもは地域で集団をなし、その集団に参加することで遊びや集団活動の力を発達させていたが、こうした子どもの社会集団もほとんどなくなった。日が暮れるまで群をなして遊ぶこと、地域の大人に注意されたり、忙しい親にかわって子守をしてもらったりするなかで多様な人とかかわりながら育つという経験をすることができなくなってきている。また、家庭が「消費の場」へと変化したために、家事手伝いを通じて生活能力や意欲、家族の一員であるという誇りなどを育てていく機会も失われた。以上に付け加えて、働く女性の増加にもかかわらず、育児と仕事の両立を支える社会システムの整備が不十分であるという問題がある。

以上述べたように、家族と家族が位置する地域社会の変容は著しく、現代の子どもの問題や育児困難は、このような激しい社会変動に根ざして発生しているということができる。

元来、子どもは家庭よりも地域の人間関係の中で多様な経験を繰り返して成人してきたのであるが、今はその部分が極めて小さくなり、その分家庭の養育責任が拡大してしまっている。当然家族は担いきれない、というより、今日の家族は以前のいつの時代よりも家庭教育に熱心になっている（あるいは熱心にならざるをえない）のだが、その課題が難しく多すぎるゆえに、うまく担えなくなっているところが目につくのではないだろうか（汐見、1998）。そのあたりの状況を分析せずに、地域や家庭の教育力の低下を嘆いても問題は解決しないだろう。

今日もとめられていることは社会の構造的な変革である。家庭ですべきことをもっと限定して、子どもの養育を社会全体で引き受ける仕組みを用意しなければならない。親だけでなく保育所、幼稚園を始めとして、地域社会をも含んだ子育て支援ネットワークを構想することは、社会全体の重要な課題であると思われる。

(3) 学校の教育機能

　学校は、社会化の営みを意図的かつ組織的・体系的に実施する代表的な定形教育機関である。19世紀に誕生した近代学校は、そうした営みの対象を一部のエリート層に限らず一般大衆に拡大し、効率的に実施しようとした。さらに子どもたちを社会的出自ではなく能力に応じて選別・配分し、将来の職業に適した知識や技能を与えるという役割も担うようになった。学校（公教育）制度は、19世紀に近代化と産業社会実現のための大掛かりな国家装置として創出されたシステムであるということができる。

　しかし近代化がすすむなかで、学校は本来の役割をこえて過剰な影響力をもつようになってきたのではないだろうか。イリイチ（Illich, I. D.）がその著作『脱学校の社会』（1977）で学校化された社会を批判し、学校（公教育）の廃止は不可避的かつ速やかに起きるだろうと予言したことは有名である。それからすでに30年を経て、わが国の公教育は、システムとしては実に精緻な完成品の域に達し、高等教育を受ける意欲と能力のある者ほとんどすべてが高等教育を享受できる高度な「学歴社会」を作り上げている。その一方で不登校や校内暴力、いじめなど、学校から離脱・逸脱してしまう子どもたちも増加している（滝川、1996）。

　すでに述べたように、家庭・地域・学校が多元的でバランスのとれた働きかけをすることによって、人間の発達は促進されうる。しかし、家庭・地域・学校の教育機能のバランスは、1960年代の高度経済成長期以降の日本社会の構造的な変化によって大きく崩れてきた。

　また、情報環境の急激な変化、消費社会化の進展、家族の養育機能の変化など、急速な社会変動に対して、学校内部の文化、教育様式が整合しなくなってきていることが指摘されている。今日の学校の抱える諸困難は、学力不振にしても、非行、不登校問題にしても、直接に学校が原因で生じているとは限らず、家庭を含めた子どもたちの生育環境の困難が複線的要因になって生じているものが圧倒的に多い。学校はその機能を広げすぎ、担いきれない部分までを担ってきて、窒息しつつあるのかもしれない（汐見、1996）。これからの学校は、家庭や地域の教育力を軽視して教育機能を独占しようとするのではなく、家庭や地域と連携しながら、子どもの人

間形成にかかわっていくことが求められているのではないだろうか。

第2節　文化と教育

1　人間と文化

　コメニウス（Comenius, J. A., 1592-1670）は著書『大教授学』(1657)において「すべての人に教育が必要である」と述べている。彼は「人間が人間になるべきであるとするならば、人間として形成されなければならない」とし、たとえば狼に育てられた子どもは人間らしい本性を発揮することができなかったという例を引いている。カント（Kant, I., 1724-1804）も『教育学講義』(1803)を「人間とは教育されなければならない唯一の被造物であります」と始め、人間が人間によってのみ教育されるべきことを論じている。

　もし、人間が人間によって教育されない場合はどのような状態になるのだろうか。動物によって育てられたり、放置されたため、社会からまったく切り離されて育つことになった野生児の研究がそのよい例を示している。代表的な記録としては、イタール（Itard, J. M. G., 1774-1838）の『アヴェロンの野生児』およびゲゼル（Gesell, A. L.）『狼に育てられた子』などが有名である。後者の例をあげれば、発見の当初は四つ足で歩き、夜になると目が良く見えて狼のような遠吠えをし、人間との接触を好まず、もちろん言語は一語も発しなかったという。これは、人間がいかに本能による行動が少なく、学習による行動が多いかを示した例である。これに対し人間以外の動物、たとえばライオンを犬に育てさせても決して犬のような行動は取らず、成長するにつれてライオン本来の性質や行動傾向を発揮する。人間と他の動物とのちがいはこのようなところにあらわれる。

　人間として成長発達するために教育が不可欠であるということは、生物としての人間の生まれ方を考えたときに、いっそう明確となる。人間は、他の高等な哺乳動物と比べて、特別に脆弱で、未熟な状態で生まれてくる。

生物学者ポルトマン（Portmann, A., 1897-1982）は、人間の赤ちゃんは本来の妊娠期間の半ばで、胎児のような状態で生まれてくるのではないか、という生理的早産説を唱えた。徹底的に未熟な生まれ方をする人間を待ち受けるのは、人間が長年にわたって築き上げてきた複雑な文化的環境である。これに適応し、さらに新しい文化を創造する能力を身につけるためには、どうしても長い養育・教育期間が必要となる。

同時に、この人間特有の未熟さが、本能的なものに拘束されない学習能力の豊かさを生み出していることにも注目しなければならない。大脳生理学の研究によると、出生時に生命を維持するのに必要な脳の働きはすでに備わっている。しかし、人間としての精神の活動にかかわる大脳新皮質の100億をこす神経細胞の間の働きをつなぐ回路は十分に形成されていない（時実利彦、1970）。このことは生まれた子どもが、未成熟でいかにも無力な存在であるとともに、大きな可塑性（学習可能性）に富むことを示している。野生児の例でも明らかなように、人の自然としての素質は、未確定なものである。人間は本能による行動が少なく、学習による行動が多い。人を人間にするために必要なのは文化の存在である。人間の手によって育てられ、広義の文化を伝達されるなかで人間の子どもははじめて人間として成長するのである。

3 文化と教育

すでに述べたように、教育は個人の観点から見ると、未熟な存在が人間らしい存在へと成長できるように援助する営みであるが、社会という観点からも教育をとらえなければならない。

ポルトマンによれば、人間は「世界に開かれた存在である」（ポルトマン、1961）。人間は他の動物のように確かな本能を有しないが、文化的・知的な活動によってそのような生物学的欠陥を補うことができる。すなわち、人間はホモ・サピエンス（homo sapiens　知性ある人）として考える力を持っている。そしてホモ・ファベル（homo faber　工作的人間）として物を作る能力も持つ。これらの能力を生かして人間は道具を使用し、さま

ざまな文化を生み出し、社会的な仕組みを作り出してきた。

　文化とは何かについては、種々の定義ないし解釈がある。文化は、タイラー（Tylor, E.）によって「民族誌的な意味においては、知識・信仰・芸術・道徳・法律・習慣・その他およそ人間が社会の成員として獲得した能力や習性の複合体の全体である」として古典的には説明されている。あるいは、道具・機械・建造物・交通機関に代表される物質文化、宗教・科学・芸術などのような精神文化、道徳・習慣・法律のような社会規範や社会制度のような行動文化というように分類されてもいる。

　教育は、このような文化を年長の世代が後続の年少の世代に伝え、かつ既存の社会に適応させていく営みと考えることができる。すなわち教育は、文化の伝達を通して子どもを社会的に同化させていく働きであり、社会の存続は教育に依存しているといわなければならない。文化が創造され、伝承され、発展させられるためには、つねにその原動力として教育が存在する。文化を次の世代に伝承するのはまさに教育の機能による。次の世代はこれを一種の踏み台として、その上に新しい文化の創造をかさねてゆくことができるのである。

　最後に、田中未来（1993）によりながら、教育と文化の学習の課題についてふれておきたい。最近の1、2世紀はとくに文化の発展が著しく、学習すべき文化の総量が急速に増大している。このことと教育の問題とをどのようにとらえたらよいかということは大きな課題である。すでに述べたように、子どもは徹底的に未熟な状態で生まれてくる。しかも、その成長期間は20年くらいでこれが文化の総量に比例してのびるということはありえない。そうとすれば、無限に蓄積されていく文化を定められた期間で学習させるために、学習の速度を速め、多くの教材を与えて、ともかくも覚えさせようとする傾向が生じる。これは自主的な学習とは逆の、新しい意味での注入主義である。

　ここで考えなくてはならないのは、現代の複雑な、高度化した文化の受容は、未成熟な期間だけでなく、生涯かかって行われてもよいのではないかということである。たとえ無理をして20年間にできるだけ多くの知識を与えても、その後彼らが生きていく数10年間に、また新たに科学は進

歩し、社会は変動するだろう。将来どのような新しい文化が生じてもそれを正しく受けとめうるためには、生涯学習し続ける態度を養うことこそが教育の大きな役割であり、教育内容と教育方法もこの見地から再検討される必要がある。

第3節　人権と教育

1　人権と教育

　人権という言葉は、すでに日本でも日常でもしばしば用いられるようになっている。しかし、その思想は日本で発生したものではなく、主として欧米の長い歴史の中で培われてきたものであるということを忘れてはならない。
　人権のなかで最初に主張されたのは自由権である。自由権には、精神活動の自由（言論、思想、信教の自由）と経済活動の自由（財産権の不可侵、職業選択の自由）および人身の自由が含まれる。この自由権は人間の尊厳を守るために重要な権利ではあるが、資本主義の発展に伴う貧富の差の拡大によって、自由権だけでは実質的に人間の権利を守ることができなくなってきた。というのは、たとえば人身の自由といっても、病気や老齢、失業などのために収入を得られなくなった者は、極端に言えば、生きる自由もあるが、餓死する自由もあるというような実情となったからである。
　そこで自由権を補い、これを実質的に全うするために、国家に対して社会権が要請されるようになった。社会権としてあげられる代表的なものは、生存権、労働権、学習権などである。このうち生存権をとってみれば、単に生命を侵害されないというだけでなく、財産、収入、労働力のあるなしにかかわらず、その生存と生活を保障される権利を持つと考えるのである。また、学習権は子ども固有の権利であり、親の意向や経済力に関係なく、子どもは学習する権利を持つということである。
　人権と教育とのかかわりを考えるとき、フランス革命期の哲学者であり

政治家であったコンドルセ（Condorcet, M, J, N, C., 1743-1794）の主張は有名である。彼は公教育に関する覚書（「公教育の本質と目的」）を議会に提出して、人々の自由と権利の平等を実現するためには、すべての人に対して公教育を保障しなければならない、公教育を保障することは社会の義務であると主張している。教育を受ける権利が保障されることは、人間として発達を遂げるために欠くことのできない権利であり、社会の変化が激しい今日、このことはいっそう真実である。

　ここで注意したいことは、教育すなわち学習権の保障は、それ自体が人権の保障であるにとどまらず、子どもの将来の他の人権の保障の基礎となるということである。たとえば、働きがいのある職業につくことができる労働権の保障も、教育によって十分な能力と、生きがいのある生活を志向する意欲とをうえつけられることによって可能となる。また、言論、思想、信教の自由という自由権の行使は、幼いころから、自分で考え、自分の考えを表現する自主的な態度や、善悪を判断するための正しい社会的知識や理性の涵養によってその基礎が培われる。このように、教育を受ける権利は、とりわけ子どもにとっては、将来他の諸権利を行使するための基本的なものであり、きわめて重要なものである。したがって、教育そのものの内容と質が常に問われなくてはならない。

2　子どもの権利

　教育を受ける権利は、子どもの権利の一環としてとくに重要な意味を持つ。歴史的にみると、ヨーロッパにおいて、子どもが子どもとして尊重されるようになったのはルネッサンスをへてヒューマニズムの思潮が高まるなかにおいてであった。子ども時代の意義をはじめて強調したのは、オランダのエラスムス（Erasmus, D., 1469-1536）であるとされている。やや時代が下がって、コメニウスは、心身ともに柔軟で若木のような子ども時代にうえつけられたものは生涯ゆるぎない人格の基礎となるとして、子どもの発達を重視した教授法を提案している。さらに、ルソー（Rousseau, J. J., 1712-1778）は著作『エミール』において、子ども時代の意義と発達の各

時期に固有の成熟を遂げることの重要性を明らかにし、近代的な子ども観とそれにもとづく教育の理念とを確立した。ルソーの影響を受けたエレン・ケイ（Key, E., 1846-1926）は、その著作『児童の世紀』（1900）において、児童への労働搾取や、体罰、身体的拘束に抗議し、きたるべき20世紀は児童の福祉が実現される世紀でなくてはならないと主張している。

　子どもに対する社会・国家の義務と責任が明らかにされたのは、戦火によって子どもを含む多くの市民に犠牲が出た第一次世界大戦の後である。国際連盟は1924年の総会において「児童の権利に関するジュネーヴ宣言」を採択した。これにより、連盟加盟国は「人類が児童に最善のものを与えるべき責任を負うこと」を認め、すべての子どもたちに等しく、その健康と生活、発達と教育を保障し、安全を守り、搾取から保護する義務を果たすことを宣言したのである。しかし、1930年代には国際連盟はその機能を失い、第二次世界大戦が勃発、この戦争により以前にもまして子どもを含む多くの人々が犠牲になった。

　1945年、終戦とともに成立した国際連合は、1948年に「世界人権宣言」を採択した。この第26条にはすでに教育についての権利が明記されている。国連はその後、世界人権宣言の内容に即して国際社会における人権尊重の推進につとめた。子どもの権利に関しては、1959年に「児童の権利に関する宣言」を採択し、1979年を国際児童年としている。そして1989年11月に国連総会は全会一致で「児童の権利に関する条約」（以下、子どもの権利条約）を採択したのである。子どもの権利条約は、世界史上初めて子どもの権利を国際的に確立した取り決めであり、子どもの権利思想はここで一つの頂点を迎えたといってよい。日本は1994年にこの条約を批准し158番目の条約締結国となった。

3　子どもの権利と教育

　子どもの権利条約は前文と54条からなる。この条約は、18歳未満のすべての子どもに対するあらゆる差別を禁止し、子どもにかかわる決定に際し、つねに「子どもの最善の利益（the best interests of the child）」を考

慮することを求めている（1〜3条）。

「子どもの最善の利益」はこの条約のキーワードであり、同条約では、「子どもの最善の利益」のための「児童福祉」の必要性が規定されている。この場合の福祉は、英語では最低限度の生活を保障するという意味の'welfare'ではなく、より広く、よりよく在ることというニュアンスがこめられている'well-being'である。この条約は、開発途上国における子どもの生活条件を改善することにとどまらず、子どものさまざまな積極的な権利をうたっていることから、ここでいう児童福祉は、子どもの幸福を保障し推進するという包括的な概念であるということがわかる。そしてこの概念は教育と深くかかわっている（矢藤、2003）。

条約にはどのような子どもの権利がうたわれているのだろうか。それらは生命・生存・発達、名前・国籍・養育、アイデンティティ保全に関する基本的な権利（6〜8条）をはじめとして、健康・医療、経済的搾取、麻薬・向精神薬、性的搾取・虐待、誘拐（ゆうかい）・売買、武力紛争などから特別に保護される権利（24, 32〜35, 38条）、社会保障、生活水準、教育、休息・遊び、文化的・芸術的生活などに対する権利（26〜28条）、さらに、意見表明権、表現・情報の自由、思想・良心・宗教の自由、結社・集会の自由、プライバシー・名誉の保護、マスメディアへのアクセスの確保の権利（12〜17条）など多方面にわたっている。

これらの権利を行使し、自由を享受する主体として成長・発達するためには、教育が不可欠である。この意味で、28条、29条に規定されている「教育の権利」は、子どもの発達にかかわる権利の保障として重要であるとともに、子どもの権利条約全体の要であるといわねばならない。28条「教育についての児童の権利（the right of the child to education）」は、「教育」一般ではなく、その子どもにとって必要な、適切な教育への権利である。29条には国がめざすべき教育の内容が記されているが、その第一に「児童の人格、才能並びに精神的及び身体的な能力をその可能な最大限度まで発達させること」とある。教育が一人ひとりの子どもにとって必要で、適切な援助であるとき、初めてこの目標も達成されるだろう。

第4節　ケアと教育

1　保育におけるケアリング

　家庭や地域の教育力の低下については第1節ですでに述べた。このような状況のなか、保育者はさまざまな家庭背景を持つ子どもたちをケアし教育する専門家としての役割を担うこと、幼稚園や保育所は、親や地域の人と連携しながら地域の子育てセンターとしての役割を担うことがいっそう求められてきている。ではそこで、専門家としての保育者は何を行うことが期待されているのだろうか。ここでは、主に秋田（2004）の議論によりながら保育におけるケアリングについて述べよう。

　乳幼児へのケアを考えるとき、まず頭に浮かぶのは、食事や排泄の援助、着替えなどいわゆる身のまわりの世話を援助するという行動面のケアである。しかし、それだけでは十分でない。行動面での世話としてのケアを支える基盤となるのは、子どもに関心を寄せ心を砕くという保育者の心理面での働きである。メイヤロフ（Mayeroff, M., 1925-）はその著『ケアの本質』の中で、ケアリングを「他者が成長し自己を実現するのを助けること」「相手を支配したり所有しようと試みるのではなくて、私はそれが本来持っている存在の権利において成長すること、よく言われるように『それらしくなる』ことを望んでいるのである」と述べている（Mayeroff, 1990）。つまり、ケアリングとは、型にはめてしつけることではなくて、子どもの存在をまず受け入れ、その子がその子らしく自己を形成していくと信頼して関わることである。そのためには、「忍耐、正直、信頼、謙虚」がケアする側にとって不可欠な要素である（Mayeroff, 1990）。

　ここで注意すべきことは、ケアする側の関心や知識、行動だけでケアリングが成立するのではないということである。ケアリングはケアする側だけでなく、ケアされる側がケアする側に応答するという相互関係の中で成立する。ケアする側の一方的なケア行動ではなく、ケアされる側がケアする人やその行動を受け入れ、こたえるなかで「互恵的な関係」が生まれる

(Noddings, 1984)。ケアリングは大人がケアする側、子どもがされる側と固定しているわけではない。その応答によって、保育者が子どもに元気をもらい癒され手ごたえを持って保育ができているという循環がある。保育は、子どもたちが時には快い受容という形だけではなく、抵抗や不満をこぼすといった形であっても応答してくれることによって、信頼の絆を形成しケアしケアされていく仕事である。

　時には、この応答的な関係ができない子どもを受け持つことも生じるが、このときこそ保育者としてのあり方が問われるときである。ケアリングにはこれでおわりということがなく、時には報われないという気持ちや心の痛みも伴う。しかし、そこで子どもとの関係や日々の生活をふりかえり、同僚に相談したり先輩から助言をもらうことによって、子どもへの理解を深め、保育の意義を見直すことができる。このように、痛みやとまどい、危機は新たな可能性をひらく機会でもある。

　また、ケアできる子どもをはぐくむことも保育者の仕事である。人は自分がケアされることによって、ケアすることを学んでいく。幼児教育においては、保育者は環境の中に教育の意図を埋め込み、さまざまな人や事物の出会いとかかわりを準備していく。したがって、環境を通した教育の中で子どもはケアリングを学ぶ。幼児教育とケアリングはこの意味で切り離すことができない。遊びや暮らしを通して子どもは学び、自分自身や他者、動物、植物などをケアする力を培っていくのである。

2　学校教育におけるケアリング

　アメリカのフェミニズム教育学は、女性の経験、とりわけ家庭での子どもの養育経験を参照することを通して学校教育を再検討する試みを行っている（浅井、2006）。

　ノディングズ（Noddings, N., 1929-）の提起するケアリングの教育もその一つである。ノディングズによる「ケアの倫理」は既存の倫理学が「父の言語」によって議論され、「母の声」が沈黙させられてきたとの指摘を出発点としている。ケアを求める子どもに母が応答し、その母の応答に子

どもが応答するという応答的で互恵的な母子関係が「ケアの倫理」の根源的なイメージである（Noddings, 1984）。ノディングズによるケアの倫理を学校教育へと導入することは、教師が子どもの存在を受け止めること、子どもに応答することを要請する。従来の教え込む教育ではなくて、育て育てられる教育が展開されなくてはならないのであり、教師と生徒の関係が編みなおされることが提案されているのである。

　カリキュラムも再編が必要である。ノディングズによれば、リベラル・アーツを中心とする教科教育は、エリート主義の伝統に立脚しており、現代の複雑な問題や病理に対する解決能力を失っているし、すべての生徒が人生で直面する問題に対処する必要不可欠な知識を教育しているわけでない。この批判にたって、彼女は、誰もが生きていくうえで必要なケアリングの知識と倫理を、「自己へのケア」「親密な他者へのケア」「見知らぬ人や遠くにいる人へのケア」「動物、植物や自然環境へのケア」「事物へのケア」「観念へのケア」の6領域の教育内容として構成することを提案している。

　その概要を以下にのべよう。「自己へのケア」は、自分自身という存在を大切にする営みであり、自分の身体を育て健康を守ること、人の誕生と死の意味を知ること、宗教生活と職業生活、余暇の過ごし方などを学ぶ領域である。「親密な他者へのケア」は、恋人、夫婦、親子、友人、同僚、近隣の人間関係において、人をいつくしみ、養育し、世話する知識と技術と倫理を学び、親密な人間関係で社会を構成することを学ぶ領域である。「見知らぬ人や遠い他者へのケア」は、人種、階級、ジェンダーによる生活や意識の違いや、世界のさまざまな国々の文化や社会について学び、異質な人々が共存する生き方を学ぶ領域である。「動物・植物・自然環境へのケア」は、生物の世話をすることから出発して、身のまわりの自然を守り地球を環境破壊から救う方法を学ぶ領域である。「事物へのケア」は、道具や機械を大切に扱い、その修繕や保管の方法を学ぶ領域、そして最後の「観念へのケア」は、学問、芸術を尊び学ぶ領域とされている（Noddings, 1992）。自分とは切り離された知識を学ぶ従来の教育に対して、人々の日常を支えるケアリングを中心にカリキュラムを再構成することが構想され

ている。
　以上述べたように、彼女の教育論は、男性原理で支配されてきた学校教育をケアリングという女性原理を基礎として組み替える方向において提示されている。生産よりも再生産を優位に置くこと、そして学校という場所を、進学の準備や職業の準備の場所でなく、人々が、自己と他者とのかかわりを築き、自然と社会を破壊から救出することを学ぶ場所として再定義する論理が提起されているのである（佐藤、1999）。

〈参考・引用文献〉
秋田喜代美（2004）「未来をひらくために」小田豊・森眞理編『教育原理』北大路書房。
浅井幸子（2006）「教師の仕事とジェンダー」秋田喜代美・佐藤学編『新しい時代の教職入門』有斐閣。
イリイチ（1977）東洋・小澤周三訳『脱学校の社会』東京創元社。
イタール（1975）古武弥正訳『アヴェロンの野生児』福村出版。
上笙一郎編（1996）『子どもの権利思想のあゆみ』久山社。
エレン・ケイ（1979）小野寺信・小野寺百合子訳『児童の世紀』富山房百科文庫。
カント（1971）勝田守一・伊勢田耀子訳『教育学講義他』世界教育学選集　明治図書。
ゲゼル（1967）生月雅子訳『狼に育てられた子』家政教育社。
コメニウス（1962）鈴木秀勇訳『大教授学』世界教育学選集　明治図書。
コンドルセ（1962）松島鈞訳『公教育の原理』世界教育学選集　明治図書。
佐藤学（1999）「ケアリングと癒しの教育」『学びの悦楽』世織書房。
汐見稔幸（1996）「子どもと教育の社会学的研究の現状と課題」『岩波講座　現代社会学　第12巻　子どもと教育の社会学』岩波書店。
―――（1998）「保育所の現代的な意味とその可能性」『岩波講座　現代の教育　第7巻　揺らぐ家族と地域』岩波書店。
武安宥・長尾和英編（2002）『人間形成のイデア』昭和堂。
滝川一廣（1996）「脱学校の子どもたち」『岩波講座　現代社会学　第12巻　子どもと教育の社会学』岩波書店。
田中未来（1993）『保育者のための教育原理』川島書店。
戸江一博編（2007）『現代保育論』聖公会出版。
時実利彦（1970）『人間であること』岩波新書。

長尾和英（2004）「教職の意義と教育者論」 長尾和英編『教職と人間形成』八千代出版。

Noddings, N. 1984 *Caring a feminine approach to moral education*. Berkeley: University of California Press. 立山善康他訳（1997）『ケアリング：倫理と道徳の教育——女性の観点から』晃洋書房。

───── 1992 *The Challenge to Care in schools; An Alternative Approach to Education*. Teachers College Press. 佐藤学監訳（2007）『学校におけるケアの挑戦——もう一つの教育を求めて』ゆるみ出版。

広田照幸（1999）『日本人のしつけは衰退したか——教育する家族のゆくえ』講談社現代新書。

深堀聰子・黒田瑛（2004）「人間を探ることから教育を考える」小田豊・森眞理編『教育原理』北大路書房。

ポルトマン（1961）高木正孝訳『人間はどこまで動物か』岩波新書。

Mayeroff, M. 1990 *On caring*. New York: HarperPerennial. 田村真・向野宣之訳 1998『ケアの本質——生きることの意味』ゆみる出版。

ルソー（1962）今野一雄訳『エミール』岩波書店。

矢藤誠慈郎（2003）「保育の本質」民秋言・河野利津子編『保育原理』北大路書房。

第2章

幼児教育の原理と目的

第1節　法律からみた保育原理

1　子育ての責任

　われわれは最初に、栃尾薫（2002）に従いつつ、保育や教育の根本である保護者の子育ての「責任」について、日本の法律がどのように考え捉えているのかを論じてみたい。「民法第818条」で、未成年者に対する父母の親権、父母の婚姻中の親権の行使などが規定されている。ここで「親権」とは、広辞苑によれば、未成年の子どもに対して父母が有する監護・教育・財産の管理などの包括的な権限および責務を意味する。同法820条には、「監護教育の権利義務」、そして第822条では児童が不正行為をしたときに制裁を加えることのできる「懲戒権」などが規定されている。さらに「児童福祉法」第1条には、児童の健全な育成に対する国民の努力義務と、児童がその生活を保障されているという児童福祉の理念が打ち出されている。

　1989（平成元）年国連総会で採択され、日本では1994（平成6）年に承認・発効された「児童の権利に関する条約」第5条で、締約国は、父母が児童の発達しつつある能力に適合する方法で適当な指示及び指導を与える責任、権利および義務を尊重すること、また第18条では児童の養育及び発達について父母が共同の責任を有することなどが明記されている。いずれにせよ、こうした規定によって、子育ての私的責任と公的責任が今日、ますます重要になっている。

2　保育所における保育の原理

　栃尾薫によれば、「児童福祉法」では「保育所は、日日保護者の委託を受けて、保育に欠けるその乳児又は幼児を保育することを目的とする施設とする」と規定されている。他方で「学校教育法」では、「幼稚園は幼児を保育し、適当な環境を与えて、その心身の発達を助長することを目的とする」と定められている。そしてこのいずれの法律でも「保育」という用語が使用されており、就学前の子どもの養護的側面と教育的側面の両方の要素が前面に打ち出されている共通点にわれわれは注意しておく必要があるだろう。

3　保育所における保育の基本

　『保育所保育指針』（平成11年改訂版）において、「保育所は、乳幼児が、生涯にわたる人間形成の基礎を培う極めて重要な時期に、その生活時間の大半を過ごすところである。保育所における保育の基本は、家庭や地域社会と連携を図り、保護者の協力の下に家庭養育の補完を行い、子どもが健康、安全で情緒の安定した生活ができる環境を用意し、自己を十分に発揮しながら活動できるようにすることにより、健全な心身の発達を図るところにある。」と規定されている。
　この『保育所保育指針』の意味するところは、人間形成の基礎とも言える乳幼児が、8時間以上も生活する保育所は、子どもの生活の本来的拠点である「家庭」とその延長としての「地域社会」と十分に連絡を取り合いつつ、保育を展開しなければならないということである。

第2節　乳幼児教育の原理

1　「保育」の原理

(1) 乳幼児期の保育の重要性

松山欣子 (2003) によれば、人間の一生のなかでも、生後一年間の発達以上に成長する時期は他にない。その意味で、乳幼児期の保育や教育ほど重要なものはなく、ここに乳幼児期の教育の特質も見出される。ここで「保育」という言葉は、「保護」に重点がある場合と、「教育」に重きが置かれる場合があり、さらに両者を指し示すときもある。「家庭教育」を中心に考えると、家庭での「育児」と「教育」の二つの作用を同時に指し示すものといえよう。

(2) 家庭保育のあり方

「家庭」とは、夫婦が核となって形成される生活共同体のことであるがゆえに、家庭そのものが乳幼児にとっては直接的な発達や成長を方向づける場となる。その意味でも、家庭の場そのものが自然と「無意図的」に子どもの人格を形成することになる。さらに親が積極的に「意図的に」乳幼児に働きかけることによっても人格形成はおこなわれている。家庭ではこの「無意図的」「意図的」の二つの側面からの働きかけが相互に機能して乳幼児の人格形成に大きく寄与していると松山欣子は強調する。

2　乳幼児教育の原理

(1) 乳児と母親の関わり──心理学的アプローチ

園田菜摘 (2003) の論に従えば、乳児が1歳頃になると、養育者の表情や声そして身振りといった情緒的な反応を見て、不確定な状況を判断し、自分の行動を制御できるようになるという。これは「社会的参照」(social referencing) と呼ばれているものである。たとえば、見知らぬ人が母親

と乳児のところにやってきて、そこで母親がよそよそしく対応すると、その乳児もまた緊張し始めるという。他方、母親がにこやかにその見知らぬ人と対応する場合には、乳児も笑顔をみせるという。

園田はキャンポスらの研究（Campos et al., 1983）を援用しつつ以下の興味深い実験を紹介している。**図表2-1**にあるような「視覚的断崖」の実験装置を用いて、母親の表情による1歳児の行動の相違点を検討した。

この装置は、水平に置かれたガラス板の半分はガラス板のすぐ下に、もう半分は1メートル半くらい下に格子模様が見えるように作ってあり、視覚的にはまるで断崖があるかのように見えるものである。乳児をこの装置の浅く見える側に置き、母親にさまざまな表情をしてもらったところ、母親が恐れの表情をした場合は17人の乳児が全員断崖を渡らなかった。しかし母親がニコニコした場合には19人中15人が渡ったのである。この実験結果は、乳児期の後半には自分自身では判断不可能な状況のときに、信頼できる相手（ここでは母親）の情緒的な情報をみきわめ、それを自分の行動の指標として利用できる能力を発達させていることを意味する。

園田の指摘によれば、「乳児」は生まれた直後から、すでに社会的な能力を備えており、人との関わりを求める能動的な存在であるといえる。だ

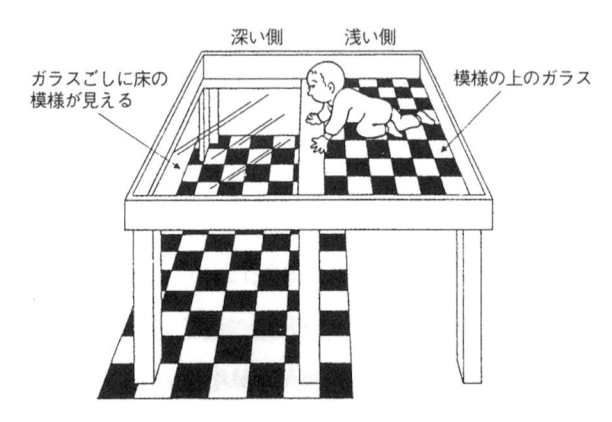

出所：無藤隆編（2001）『発達心理学』園田菜摘「乳児期の親子関係」ミネルヴァ書房、34頁

図表2-1　「視覚的断崖」の装置

からこそ、乳幼児教育における「保護者」との信頼関係、さらには「保護者」からの積極的働きかけが、乳幼児の人格形成にきわめて重要な課題となるのである。キャンポスらのこの実験結果はそのことを如実に示している。

(2) 子育て観の歴史的変遷

われわれはここで「幼児教育」の歴史的変遷を考察する前に、もう少し広い観点から「子育て」観の歴史的変遷を徳本達夫（1997）に依拠しつつ鳥瞰しておこう。徳本達夫は「ドゥモースにおける子育ての様相の進化」(**図表2-2**)に従いつつ、以下のような考察をしている。古代から現代までの「子育て」の概念を大きく6段階にわけた点に、ドゥモースの視点の斬新さが存在すると思われる。まずドゥモースは、古代を「子殺し」と表現している。たとえば、古代では親が子どもの生殺与奪の権利をもっていたことは周知の事実である。こうした状況では、子どもはいつも親からの威圧感を抱きつつ生活していた。中世から近世までのキリスト教の影響力がきわめて強い時代では、古代の「子殺し」から「子捨て」へと中心概念が変化してゆく。子どもへの関心が希薄になったことがこの変化から読み取れる。近代に入ると「対立感情共存」という概念で、溺愛と厳格さという「対立感情」で、親は子どもに関わっていたと思われる。18世紀の特徴は「進入」で、これは、親の価値観を子どもに押し付ける意味あいが増してきたものと考えられる。19世紀から20世紀半ばを「社会化」と位置づけ、親の価値観だけでなく社会の価値観の重要性が増したがゆえに、子どもを「社会化」することに親は懸命になったのである。

徳本はこうしたドゥモースの分析を踏まえたうえで、古代から現代まで、親が主体となって、子どもの主体性は背後にかき消されていたと指摘する。子どもの主体性が認知されるのは、現代の「助力」において初めてのこととなると主張する。すなわちこうした変遷を経た後に、現代になって初めて、「自覚的な子育て」が開始されるのである。

(3) 幼児教育の歴史的変遷 ── 児童中心主義保育の流れ

さて、われわれは次に、子ども観と発達観という視点から「幼児教育」

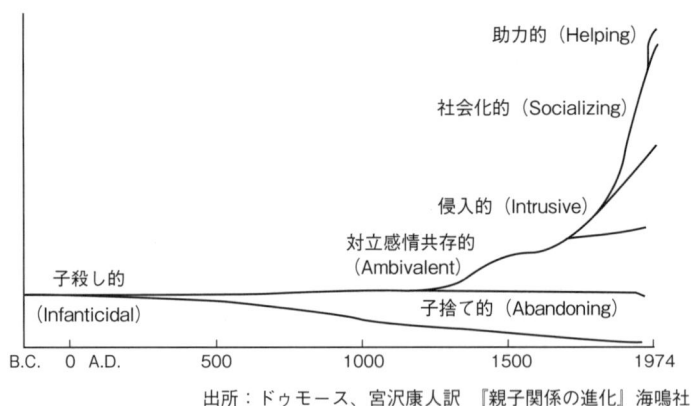

出所：ドゥモース、宮沢康人訳『親子関係の進化』海鳴社

図表2-2　ドゥモースの子育様相の進化

の歴史的変遷を考察してゆくことにする。青井倫子（2004）によれば、18世紀後半に『エミール』を著わしたルソー（Rousseau, J. J.）は、「子ども」はみずから発達する力を内在しているがゆえに、それを抑制することなく守り育てるべきであると考えた。さらに、1840年にドイツに世界で最初の幼稚園（Kindergarten）を創設したフレーベル（Fröbel, F. W. A.）もまた、ルソーの考え方を継承している。

　この教育思潮はさらに、その後20世紀初頭に、デューイ（Dewey, J.）らによって「児童中心主義」の思想へと受け継がれてゆく。ここで「児童中心主義」とは、子どもの自発的活動や興味・関心を出発点として教育を展開することを重視する考え方である。こうした考え方は明治以降日本にも紹介され、フレーベル（**図表2-3**）の「恩物主義」の域を超えられなかった当時の形式主義的な保育に多大な影響を及ぼした。とくに倉橋惣三（**図表2-4**）(1882-1955) らは、子どもの生活実態に即した子ども中心の保育を追究し、「遊戯」の価値を強調した日本の「児童中心主義」保育の創始者である。

　倉橋惣三は一高在学中に、内村鑑三に師事していることからも、彼の幼児教育の根底には、キリスト教的人間観が流れていると、石田一彦（2002）は指摘する。倉橋惣三の功績の一つは、明治以来、幼児教育を支配してい

図表2-3　フレーベル　　　　　　　図表2-4　倉橋惣三

た「形式的フレーベル主義」を幼稚園から解放して、幼児の生活にかなった保育を実現したことである。

　日本の幼稚園の歴史を一瞥しても、明治時代には「一斉遊戯・共同遊戯」から「自由遊び」への変遷が見られる。これは「随意遊び・随意遊戯」と呼ばれ、大正から昭和30年頃までは、倉橋などの主張によって展開されたものである。昭和30年頃からは「自由保育」と呼ばれるようになり、幼児の興味を第一とする保育が主流となる。現在のわが国の「幼稚園教育要領」における「環境を通しての教育」「遊びを通しての指導」という方法は、こうした「児童中心主義」保育の流れの延長上にあると考えられている。

第3節　保育者養成の原理

　日本の保育制度が、「幼稚園」と「保育所」に二元化されていることに伴い、保育者養成も「幼稚園教諭養成」と「保育所保育士養成」の二つの側面から考えてみよう。

1　幼稚園教諭の養成

　谷田貝公昭（2004）によれば、第一に、「幼稚園教諭養成」における幼稚園とは、「学校教育法第1条」に示された「学校」を意味する。それゆえ、そこで働く保育担当者の名称は、小学校、中学校、高等学校の教師と同様に、「教諭」と呼ばれている。「専修免許状」は大学院で取得できる。「一種免許状」は大学卒業で学士号を有する者、「二種免許状」は大学・短期大学に2年以上在籍した者および指定養成機関でそれぞれ所定の単位数を習得した者に授与される。

　わが国の幼稚園教諭の現状をみると、そのほとんどが短期大学、それに指定養成機関の出身者である二種免許状の所有者で占められている。四年制大学卒業者の幼稚園への進出が少ない理由は、以下のとおりである。たとえばわが国において、「私立幼稚園」の占める割合が高く、幼稚園側が給与の関係で、大学卒より人件費を抑えやすい短大出や指定養成機関出身者を採用する傾向にあること。また4年制大学における幼稚園教員養成が、幼稚園教諭を中心にして行われておらず、現実には小学校教員養成に付随した形で行われているという事実がある。こうしたことが、四年制大学出身者が幼稚園へ進出しにくい要因になっている。今後は、四年制幼稚園教員専門養成課程の卒業者たちが「幼稚園」へ進出することが、結果的に、保育者の専門職化につながってゆくものと思われる。

2　保育所保育士の養成

　谷田貝公昭によれば他方で「保育所保育士養成」について考えてみると、その専門職化の程度は、幼稚園教諭以上に遅れている。保育所保育士の資格は、「児童福祉法施行令第13条」によって、厚生大臣の指定する保育を養成する学校その他の施設を卒業した者と、「保育士試験」に合格した者とが取得できることになっている。

　厚生大臣の指定した保育所保育士の養成校は、大学、短期大学、専修学校などである。しかしながら実際には、四年制大学を出て、保育所保育士

として就職する者は極めて少ない。ここでも、短期大学や専修学校などの卒業生が中心であるという点では幼稚園と同様で、四年制大学での養成が早急に望まれる。

しかし、保育所保育士養成や資格の根本的な問題は、「保育士試験」のあり方である。受験資格は、大学に2年以上在学し、62単位以上修得した者、および高等専門学校を卒業した者の他に、児童福祉施設に定められた年限を勤務した者などとなっている。

こうした方法で「資格」を授与することの弊害は大きい。この制度が存続する限りは、保育士の専門職化はほど遠い。この制度は、元来、保育所の急激な増加に伴って必要となった保育士確保のためにできた「応急的な措置」であった。それゆえに、早急に「保育士試験」制度を廃止することは不可能であるとしても、「合格水準」を上げていくなどの改善策を講じる必要があるだろう。

第4節　保育の目的

1　法律に示された保育の目的

(1) 法律から理解する保育の目的

近代国家においては、あらゆる「保育の目的」は、歴史的・社会的な制約を受けざるをえない。我が国においても、平成18年の改正「教育基本法」の第1条において次のように規定されている。「教育は、人格の完成を目指し、平和で民主的な国家及び社会の形成者として必要な資質を備えた心身ともに健康な国民の育成を期して行われなければならない。」

この規定こそ、すべての保育者のめざすべき「方向性」と含むべき「内容」とをわれわれに提示してくれている。さて、我が国の保育制度において、「幼稚園」と「保育所」は、その発足当初から法制的に異なる性質をもつものとして位置づけられている。こうした点に着目しつつ、以下では具体的な考察を展開していきたい。

(2) 幼稚園における保育の目的

　我が国の法律において最初に示された「幼稚園の目的」としてとらえることのできる1881（明治14）年の「東京女子師範学校付属幼稚園規則」においては、我が国の「幼稚園の目的」は、もともと家庭教育を補完するという性質をもつものであった。しかしながら、1947（昭和22）年の学校教育法制定に伴って、幼稚園が「学校」として位置づけられるようになると、独自の幼児教育機関としての性質がそれ以降、強調されるようになった。すなわち、学校教育法第77条に示された「幼稚園は幼児を保育し、適当な環境を与えて、その心身の発達を助長することを目的とする」（平成18年改正後もこの箇所の文言は同一である）という幼稚園の目的においては、家庭教育を補完するという幼稚園の性格を現す字句が、削除されてしまったのである。学校教育法における幼稚園は、家庭教育を補完するという基本的な性質をふまえつつ、むしろ家庭では果たすことのできない幼児の発達課題をより積極的に達成することを目的とする施設として位置づけられたのである。

　時が下って、平成10年度版の『幼稚園教育要領』の場合、学校教育法に示された幼稚園の目標が、より実践的な観点からとらえ直されている。さらに、教育課程の編成に直接的な関わりをもつ〈ねらい〉（幼稚園修了までに育つことが期待される生きる力の基礎となる心情、意欲、態度など）と〈内容〉（ねらいを達成するために指導する事項）が、5つの領域（健康・人間関係・環境・言葉・表現）ごとに示されている。これらは、幼稚園の目的・目標を達成するためには、どうしても教育課程を編成することが必要であるということを意味する。

(3) 保育所における保育の目的

　それでは、保育所における「保育の目的」とはどのようなものであろうか。山口に従えば、現在の「保育所」は、かつて「託児所」ともよばれ、社会事業という観点から誕生した。「保育所」の目的をはじめて明確に規定した法律は、1947（昭和22）年に制定された「児童福祉法」であり、その目的は、同法第39条において、「保育所は、日日保護者の委託を受けて、

保育に欠けるその乳児又は幼児を保育することを目的とする施設とする」（2007年現在もこの箇所の文言は同一である）と規定されている。

　つまり1880（明治13）年の社会事業法にもとづく「託児所」の目的が、いわゆる貧困階層の子どもたちだけを保護するという消極的な性質をもっていたのに対して、1947（昭和22）年に制定された「児童福祉法」にもとづく「保育所」の目的は、「保育に欠ける」すべての子どもたちの福祉を増進するという積極的な性質をもっているのである。

2　保育の意義

(1)　乳幼児の発達

　一般に、生きるための基礎力を考える場合、「個性化」と「社会化」の概念が核となると、原田碩三（2004）は考えている。そして乳幼児においては、一人の人間としての存在と社会的存在の両面から乳幼児の発達が捉えられるべきであろう。

　乳幼児は、「保育所」や「幼稚園」で教育されつつ、多様な経験を通じて、コミュニケーションを確立してゆく。ここで育まれた子どもの心情・意欲・態度は、生涯にわたる生活の健全な動機の一つとなる。「保育の目的」は、さまざまな環境を通して、乳幼児の心身の発達を援助することであり、そこから乳幼児各人の発達の実態把握、またそれに応じた計画的な保育が求められる。

　原田碩三（2004）によれば、乳幼児の生活習慣の指導には、食事・排泄・睡眠・衣服の調節・清潔などに関するものがある。しかしこのような他律的な指導を行うだけにとどまらず、自分で考えるという「思考の自立」、自分の感情をもつという「感情の自立」などの自律的な指導も重要である。これらの「他律的・自律的指導」の両面が、保育のさまざまな場面で具体的に促進されなければならない。

(2)　乳幼児期にふさわしい生活

　人間は基本的に、他者と関わりながら活動したいという社会的欲求を保

持している。乳幼児は初期の段階では、自分にしか興味を示さないが、やがて特定の大人の基本的な信頼関係により心理的に安定し、しだいに自分の外の世界に興味を持ち始める。その後、子どもたちの生活世界も拡大し、他者との関わりが芽生えるようになる。とくに仲間との対等な並行的関係は、子どもたちが主体的に考え、社会的態度を身に付けてゆくうえでひじょうに重要なものとなる。また遊びや活動のなかで相互の思いを理解しあいつつ、その後の子ども同士でのルール確定などを通じて、協調や共生の喜びを子どもたちは感じるようになる。そこから子どもたちの道徳的心情が発達し始める。このような過程を経て、しだいに一人で遊ぶよりも多くの子どもと遊ぶほうが楽しくなり、遊戯もダイナミックなものへ変貌してゆく。そこから、子どもたちは達成感や充実感、あるいは葛藤や挫折を味わいつつ、他者と関わることのすばらしさを経験してゆくと原田は主張している。

3 乳幼児期の教育的課題

「幼児教育の目的」は、基本的な「目的」にすぎず、これを乳幼児期の段階にふさわしいものとして、具体的に考察することが必要となる。すなわち、乳幼児期において、どのような人間の資質や能力を育てるために、どのような教育をおこなうべきか、という幼児教育における目標や課題を明確にする必要がある。

黒川久美（1998）は、田代高英の考え方を援用しつつ、乳幼児期の教育的課題の具体的内容として、次の二点を指摘している。すなわち第1に、「人間として生きるために必要な基礎的諸能力」を身につけさせること、第2に、「人間らしさや、人間らしい生き方の基礎」を身につけさせること、の二つである。

第1の「基礎的諸能力」とは、子どもが将来、一人前の人間として生きていくうえで必要な人間としての力量の基礎になるものである。換言すれば、すべての子どもが身につけなければならない基礎的諸能力とは、「思考、言語、行動の統一的発達」である。それらを全体として統一的に発達させ

ることが乳幼児期の教育にとって、最も重要な課題の1つとなるのである。

第2の課題は、「人間らしい生き方の基礎」、すなわち人間らしいやさしさをもった人格の基礎が、乳幼児期から育てられなければならないということである。そのような子どもは、相手の気持ちが理解でき、相手の立場に立って考えることができる、人間的な感性の豊かな子どもである。また、人間らしい生き方の基礎ができている子どもは、自主的に判断するだけでなく、考えた事柄を実際に行動に移すことができる。このような自主的で民主的な人格の基礎を育てることが、幼児教育のもう1つの重要な課題である。

第5節　保育教育の課題と展望

1　保育教育への熱い期待

今日、乳幼児と意図的に交流を深め始めようとする動きが「学校教育」のなかで起こり始めた。すなわち子どもを理解し「子ども」存在に価値を見出す傾向が、社会全体としても生じてきたのである。中央教育審議会は2000（平成12）年4月に、報告「少子化と教育について」を提出した。その「第4章　教育面から少子化に対応するための具体的方策」の第2節　学校教育の役割と具体的方策の「2. 小学校以降の学校教育」では、次のように述べられている。

「家庭の在り方を考え、家庭生活は男女が協力して築くものであることや子どもの成長発達に果たす親の役割などについて理解を深める学習は、従前から『家庭科』、『技術・家庭科』がその中心的役割を担っている。とくに高等学校段階において、1994（平成6）年度から『家庭科』が男女必修となり、すべての生徒が、男女が互いに協力して家庭を築き、子どもを産み育てることの意義などを学習できるようになっている。『家庭科』、『技術・家庭科』におけるこれらの学習を今後一層充実するためには、すべて

の高等学校で保育体験学習を推進するなど、幼稚園、保育所、児童館等での保育体験学習を充実するとともに、乳幼児を持つ地域の人々を学校に招いて具体的・実際的な授業を行うなどの指導方法の工夫改善が必要である。(後略)」(傍点筆者)

　岡野雅子（2003）によれば、とくに高等学校において、乳幼児教育の意義が新たに脚光を浴び始めたことは、今後のこの領域の発展が十分に予想されることを明確に示唆している。

2　今後の「保育教育」に求められるもの

　さらに岡野雅子（2003）によれば、昨今の新聞記事には「児童虐待」などに関する事件がしばしば報じられており、児童相談所における児童虐待の相談処理件数の急増はもはや社会問題と化している。また、出生児数の減少は毎年進み、人口構成の減少は国の将来の姿を左右するほどである。これらの今日的な諸課題に対する取り組みの方策の一つとして、「保育教育」の重要性が指摘されている。しかも上記の審議会答申に見られるように、最近とくに、より積極的に「保育教育」を推進することが強く提言されている。学校教育における「保育教育」は、従来から「家庭科教育」の保育領域が主に担当してきた。しかし今後は、「少子化」への対応や「児童虐待」等の歪んだ親子関係の予防などの社会的要請を受けて、「保育体験学習」などが期待されている。この意味でもいま、「保育教育」は時代の要請を受けて新たな人材開発と学問的深化が早急に求められているのである。

　もう一つの課題が、「幼保一元化」問題である。保育所と幼稚園の機能を一つにまとめた「総合施設」が2005年度に全国で30カ所に設立されることがきまった。「幼保一元化」は、とくに働く母親の増加や少子化などが原因で、一方で幼稚園の園児不足と、他方で保育所に入所できない待機児童の増加という社会問題を解決するための政策として出てきたものである。しかし問題の複雑さは、親の就労支援を重視したい保育所や福祉施設関係者と、家庭教育の補完にとどめるべきと考える幼稚園関係者との認識

の相違の深さに存する（朝日新聞、2004年9月6日、朝刊）。

3 「子育て」の危機 ――日本人のサル化

(1) 親になることの拒否

　現代日本社会における若者の行動の特徴は、正高信男（2003）によると、「家のなか主義」すなわち公的状況へ出ることの拒絶であるという。しかし、日本の家族のあり方を回顧してみると、その前兆すなわち、「専業主婦」の誕生そのものは少なくとも半世紀前の日本にすでに存在していたという。「専業主婦」の誕生以前の日本では、男も女も外へ出て労働に従事するのが常であったのが、社会制度や経済状況の変化で、女には「奥さん」になる可能性が開けた。「奥さん」とはまさに有閑階級であり、まさに「家のなか」をもっぱら切り盛りする専門家である。しかも、その「奥さん」が子育てを単独で担当するようになり、かつ子どもが奥さんの「自己実現」の対象となる頃から「日本人のサル化」が急速に蔓延化し始めたという。そして今や、そういう「新世代」が親である成人層の過半数を占めようとしている。では21世紀の成人の特徴とは何だろうか。それは、「親になることの拒否」であると正高は言いきっている。「近代家族」ということばがある。つまり、生みの親である女性と、精子提供者の男性が育ての親となり、ふたりがともに暮らす家庭において育つのが本来の子どもの姿であるという発想が、「近代家族」の子育て観にほかならない。
　こうした「近代家族観」に親しんで、一世代前の日本の男女は成人となった。それゆえ、「奥さん」になった女性もまた、「家のなか」にこもることへの強い志向を抱きつつも、母親としての出産・子育てという労苦をそれほどいとわなかった。それどころか、子を持たなければ、一人前の「奥さん」とはみなされないため、何とかして子どもを産まねばと、時には涙ぐましい努力さえする場合もめずらしくはなかった。その結果、新世代の子どもたちはどのように成長していったのだろうか。子どもはひたすら母親の庇護のもとで育つことになり、そうした母親によって養育を受けた子ど

もは、攻撃性や不安が低く抑えられる一方で、社交性が高く「よい子」となる傾向が強くなった。この点は、長所として好ましいことのように思えるかもしれないが、他方で、家庭から巣立つことを拒む者——ひきこもり・パラサイトシングル——を、大量に生む状況を作りだしてしまった。

(2) 子を産みたがらないカップルの増加

　正高信男によれば、ひきこもりもパラサイトシングルも、社会全体の割合からすればまだ少数であり、大多数の若者たちは、成人すると自立する。しかしながら彼らの「公共領域」で生きることへの「ためらい」は、ひきこもりやパラサイトシングルほどではないにせよ、やはり蔓延しはじめているように思われる。それを象徴的に示すのが出生率の極端な減少であると正高は分析している。ひとりの女性が生涯に産む平均の子どもの数（合計特殊出生率）は、年を追うごとに下降している。1980年には1.75であったのが、2002年には1.32、2004年には1.2888となってしまった。そしてついに2005年の段階では、1.26と最低の数字となってしまった。また定職に就き、結婚して家庭を持ったが、子どもはもうけないというカップルも増加している。

　問題の核心は、政府が考えているように身体的・時間的・金銭的な負担にあるのではなく、むしろ、もっと心理的な要因が、子を持つことを控えさせていると正高は考えている。つまり、若いカップルにとって子どもを産み育てるということは「誰かについて全面的に責任を引き受けることへの恐怖」なのである。換言すれば、「自分たちが依存される対象となることへの嫌悪」とも表現できよう。若いカップルたちは長期間にわたり、親のスネをかじり、単に経済面ではなく、心理面でも親子のきずなを頼りに生きてきた。そういう者たちにとって、今度は自分たちが「誰かに関する責任を全面的に引き受ける」という生き方は、心の重荷となる。その重荷が、子を産むことをためらわせる最大の原因なのだと正高は推測したのである。

(3) 少子化傾向をとめる手だて

正高信男によれば、現代の若者の状況を考えた場合、過去の社会通念において出産の適齢期とみなされている妻が30歳の年齢に達するまでのあいだに、カップルの双方とも子を持つ心の準備ができていないのである。それとは対照的に、動物をペットとして飼育するのは大流行である。なぜならペットは一種の仲間意識を持たせてくれる一方で、気軽に飼育しうるからである。しかし他方で、「子ども」を産み育てる行為は、有無を言わさず、一人の人格としての「他者」であることを親につきつけてくる。ところが肝心の親の方が、互いに独立した者として「存在」を主張する子どもを産み育てる決断をできないでたじろいでいるのが実情ではないだろうか。

それゆえ、政府が少子化の傾向に本気で歯止めをかけようと考えるなら、「お産は30歳から」という認識を社会に定着させなければならないだろう。それと同時に、これまでに実践されなかった教育のなかで、若者が子どもと接する機会を積極的に設けることも不可欠であろう。今のように、幼い子どもと出会うことがほとんどないままに育ってくる若者たちに、突然に「子を持て」と言われても、ただただ困惑するだけである。中学校・高校のカリキュラムをはじめ、社会活動としての「保育活動」への参加を奨励することが重要であるとの正高の指摘は熟考に値する。

〈参考・引用文献〉

朝日新聞（2004）9月6日付朝刊。
石田一彦著　新・保育士養成講座編纂委員会編（2002）『教育原理』（新・保育士養成講座第9巻）全国社会福祉協議会。
青井倫子著　小田豊・青井倫子編（2004）『幼児教育の方法』北大路書房。
岡野雅子著　岡野雅子他編（2003）『新保育学』南山堂。
黒川久美著　田原迫龍磨他企画監修・中嶋邦彦他編（1998）『幼児教育の基礎と展開』コレール社。
厚生省（2003）『保育所保育指針』（平成11年改訂）フレーベル館。
園田菜摘著　無藤隆編（2003）『発達心理学』ミネルヴァ書房。
田代高英著　秋葉琴則他編（1987）『保育幼児教育体系2』労働旬報社。
栃尾薫著　新・保育士養成講座編纂委員会編（2002）『保育原理』（新・保育

士養成講座第7巻）全国社会福祉協議会。
徳本達夫著　丸尾譲・八木義雄・秋川陽一編（1997）『保育原理』福村出版。
ドゥモース著　宮沢康人訳（1990『親子関係の進化』海鳴社。
原田碩三著　三宅茂夫他編（2004）『保育の原理と実践』株式会社みらい。
正高信男（2003）『ケータイを持ったサル――人間らしさの崩壊』(中公新書)、
　　　中央公論新社。
松山恔子著　岡田正章・松山恔子編（2003）『現代保育原理』学文社。
文部省告示1998（平成10）年度版『幼稚園教育要領』。
谷田貝公昭著　谷田貝公昭・岡本美智子編（2004）『保育原理』一藝社。
山口圭介著　谷田貝公昭・岡本美智子編（2004）『保育原理』一藝社。

〈附記〉
　この第2章の内容は、武安宥編（2006）『ペレニタスの教育』教育哲学・思想研究会発行の第5章「幼児教育の原理と目的」から転載させていただきました。武安宥先生から転載の快諾を得ることができ、この場をお借りして改めて御礼申しあげます。

執筆者略歴 （執筆順、※は編者）

広岡　義之※（ひろおか　よしゆき）　第1部第1章～4章、第4部第2章
1958年生まれ
関西学院大学大学院文学研究科博士課程（教育学専攻）単位取得満期退学。
所属：神戸親和女子大学　発達教育学部　児童教育学科　教授　博士（教育学）。

【業績】
　著書　　単著『ボルノー教育学研究　上・下巻──21世紀の教育へ向けての提言』
　　　　　　　創言社、1998年。
　　　　　単著『フランクル教育学への招待──人間としての在り方、生き方の探究』
　　　　　　　風間書房、2008年。
　　　　　単著『ボルノー教育学入門』風間書房、2012年。
　　　　　編著『教職をめざす人のための教育用語・法規』ミネルヴァ書房、2012年。

　翻訳　　共訳「実存分析と時代の問題」（ドイツ語）
　　　　　単訳「意味喪失の時代における教育の使命」（英語）
　　　　　imago 現代思想　4月臨時増刊号「ヴィクトール・E・フランクル　そ
　　　　　　れでも人生にイエスと言うために」青土社、2013年。

　　　　　共訳『教育思想の50人』青土社、2012年

塩見　剛一（しおみ　こういち）　第2部第1章～3章
1977年生まれ
関西学院大学大学院文学研究科博士課程（教育学専攻）単位取得満期退学。
所属：名古屋女子大学　文学部　児童教育学科　講師　修士（教育学）。

【業績】
　著書　　共著『愛の子育て』昭和堂、2005年。
　　　　　共著『新しい道徳教育──理論と実践』ミネルヴァ書房、2009年。
　　　　　共著『新しい教育原理』ミネルヴァ書房、2011年。

　翻訳　　共訳『教育思想の50人』青土社、2012年。

　論文　　「ヘーゲルの喜劇論に関する教育学的考察」『人文論究　第54巻第1号』
　　　　　　関西学院大学人文学会、2004年。
　　　　　「教育原理としての対話──ソクラテスおよびM.ブーバーに即して」『教
　　　　　　育学科研究年報　第32号』関西学院大学文学部教育学科、2006年。

「K. ローゼンクランツの教育の一般的概念について――ヘーゲル教育論の体系化として」『関西教育学会年報　第34号』関西教育学会、2010年。

中田　尚美（なかた　ひさみ）　第3部第1章～2章、第4部第1章
1959年生まれ
関西学院大学大学院文学研究科博士課程（教育学専攻）単位取得満期退学。
所属：神戸海星女子学院大学　現代人間学部　准教授。

【業績】
著書　　共著『教職と人間形成』八千代出版、2004年。
　　　　共著『子どもと教師のための教育原理』保育出版社、2010年。
　　　　共著『教育原理――保育の基盤を確かなものにするために』あいり出版、2013年。
　　　　共著『保育原理――保育の本質を探し求めて』あいり出版、2013年。
論文　　「異年齢保育における『協同的学び』に関する一考察――劇遊び活動における年長児の経験を中心に」『関西教育学会研究紀要　第12号』関西教育学会、2012年。
　　　　「モンテッソーリ教師論の現代的意義」『モンテッソーリ教育　第46号』日本モンテッソーリ学会、2013年。

津田　徹（つだ　とおる）　第3部第3章～4章
1970年生まれ
関西学院大学大学院文学研究科博士課程（教育学専攻）　単位取得満期退学。
所属：神戸芸術工科大学基礎教育センター　准教授。

【業績】
著書　　共著『教育の制度と歴史』ミネルヴァ書房、2007年。
　　　　共著『新しい道徳教育――理論と実践』ミネルヴァ書房、2009年。
　　　　共著『教職をめざす人のための教育用語・法規』ミネルヴァ書房、2012年。

翻訳　　共訳『教育思想の50人』青土社、2013年。

新しい教職概論・教育原理

2008年4月25日　初版第一刷発行
2014年4月 5日　初版第二刷発行

編 著 者　広岡義之
発 行 者　田中きく代
発 行 所　関西学院大学出版会
所 在 地　〒662-0891　兵庫県西宮市上ケ原一番町1-155
電　　話　0798-53-7002

印　　刷　協和印刷株式会社

©2008 Yoshiyuki Hirooka
Printed in Japan by Kwansei Gakuin University Press
ISBN 978-4-86283-029-6
乱丁・落丁本はお取り替えいたします。
本書の全部または一部を無断で複写・複製することを禁じます。